国家智库报告 2020(28)
National Think Tank

国 家 治 理

治理沁源
——中国县域治理改革创新样本

周庆智 等著

QINYUAN GOVERNANCE: INNOVATION SAMPLE OF
COUNTY GOVERNANCE REFORM IN CHINA

中国社会科学出版社

图书在版编目（CIP）数据

治理沁源：中国县域治理改革创新样本 / 周庆智等著. —北京：中国社会科学出版社，2020.8

（国家智库报告）

ISBN 978-7-5203-7091-2

Ⅰ.①治… Ⅱ.①周… Ⅲ.①县—地方政府—行政管理—研究—中国 Ⅳ.①D625

中国版本图书馆 CIP 数据核字（2020）第 164080 号

出 版 人	赵剑英
项目统筹	王 茵
责任编辑	王 琪
责任校对	刘 娟
责任印制	李寡寡

出　　版	中国社会科学出版社
社　　址	北京鼓楼西大街甲 158 号
邮　　编	100720
网　　址	http://www.csspw.cn
发 行 部	010-84083685
门 市 部	010-84029450
经　　销	新华书店及其他书店
印刷装订	北京君升印刷有限公司
版　　次	2020 年 8 月第 1 版
印　　次	2020 年 8 月第 1 次印刷
开　　本	787×1092　1/16
印　　张	15
插　　页	2
字　　数	151 千字
定　　价	85.00 元

凡购买中国社会科学出版社图书，如有质量问题请与本社营销中心联系调换

电话：010-84083683

版权所有　侵权必究

摘要： 沁源治理实践对中国县域治理现代化具有典型意义。沁源治理改革创新的最大政策启示意义，是沁源从县域经济社会发展的实际出发，以关系全局的战略发展设计为统领和中心，在党的领导和政府主导下，逐步建构（政府）科层治理模式、（公司）市场治理模式与（社会）社群治理模式三种比较稳定的治理模式。在一个各个治理主体规则明确、分权且结构分化的政治社会条件下，逐渐形成政府、市场、社会各司其职、相互支持的县域治理制度体系和治理能力。中国县域治理现代化的改革与转型，需要对传统的治理规则和治理体制做出变革，营造良好的地方政治生态，推动法治进步，改变政府全能治理观念，让社会力量得到充分的发展，使社会能够自己管理自己，真正把制度优势转化为治理效能，亦即中国县域治理转型的目标是要使政府与社会确立在民主、自治、共治的法治关系上。在理论上和方法论上，总结沁源治理实践经验，及时将其成熟的改革创新探索经验上升为法规制度。从体制上、制度上解决政府治理和社会治理改革创新的动力问题，既是中国县域治理现代化的探索方向，也是国家治理体系和治理能力现代化的应有之义。

关键词： 沁源；绿色立县发展战略；改革与转型；中国县域治理体系和治理能力现代化

Abstract: It has typical meaning of the Qinyuan County governance practice to realize county governance modernization in China. The most important policy implications of Qinyuan governance reform and innovation include the following points: Under the leadership of the CPC and guide of government, Qinyuan county has adhered to the economic and social reality, focused on the overall strategy as the center and command, and gradually constructed three relatively stable governance models, which are (government) bureaucratic governance model, (corporation) market governance model and (society) community governance model. With the political and social conditions of clear rules, decentralization and structural differentiation, these governance models provide and promote county governance system and capacity among different governance subjects featured of clear responsibilities and supporting each other. In other words, it is essential to change traditional governance rules and systems to realize reform and transformation of county governance modernization. The transformations are a serial of reforms, which involve good local political ecology, development of the rule of law, changing omnipotent government, social organizations and self-management. All these reforms are to transform institutional advantages into governance effectiveness. In this sense, the goal of county governance transformation is to establish the rule of law for democracy, autonomy and co-governance between government and society. From the perspective of theory and methodology, Qinyuan governance practice including perfect reform and innovation should be generalized at the level of laws and regulations. That is to say, the generalization of Qinyuan governance experience will give impetus to innovate government and social governance system and regulations, represent the direction of county governance modernization, and this is the significance of modernization of national governance system and capacity in China.

Key Words: Qinyuan County; "Green County Development Strategy"; reform and transformation; county governance system and capacity modernization in China

目 录

前 言 ………………………………………………… (1)

一 沁源实践与中国县域治理现代化 …………… (1)
  （一）县域治理改革创新的制度背景与
       社会结构条件 ……………………………… (1)
  （二）县域治理体系与治理能力现代化 ………… (4)
  （三）改革创新：沁源治理的典型样本意义 …… (11)

二 政府治理体系和治理能力现代化 …………… (24)
  （一）政治引领与理念先导 ……………………… (25)
  （二）政府管理改革与法治政府建设 ………… (34)
  （三）政府职能的服务导向与服务供给 ……… (44)

三 资源型地区的绿色经济转型 ………………… (58)
  （一）"绿色立县"：县域经济社会可持续
       发展框架 …………………………………… (59)

（二）经济转型中的政府治理 …………………（76）
　（三）市场化改革与政府职能转变 ……………（84）

四 社会治理的制度化和法治化 ……………………（91）
　（一）党的基层组织建设与村民自治 …………（91）
　（二）农村社会组织发展 …………………………（99）
　（三）完善基层人民调解制度 ……………………（107）
　（四）健全基层社会保障体系 ……………………（115）

五 沁源治理实践：基于调查数据的检验 ………（127）
　（一）村居自治 ……………………………………（132）
　（二）基层党建 ……………………………………（139）
　（三）民生服务 ……………………………………（150）
　（四）政府信任 ……………………………………（167）
　（五）社会稳定 ……………………………………（177）

六 治理沁源：中国县域治理现代化的
　　　创新样本 ………………………………………（185）
　（一）沁源治理探索的理论意义 …………………（186）
　（二）沁源治理实践的政策意义 …………………（192）

附录1 新时代县域绿色转型的思考与体会
　　　——访中共沁源县委书记金所军 ……（197）

附录2　城乡社会发展与稳定问卷调查 ……… （208）

参考文献 …………………………………………… （218）

后　记 ……………………………………………… （221）

前　　言

沁源县位于山西省中南部、太岳山东麓，国土面积2549平方公里，辖6镇8乡254个行政村，总人口16万，其中农业人口12万。

图1　美丽沁源

沁源传统底蕴深厚。乡村社会是一个以家庭为单位的村社组织结构形式,那种"面对面社群"(Face to Face Group)的乡土特性一直渗透在村民的日常生活当中。在村社共同体中,人们以血缘为纽带聚族而居,形成了世代毗邻的地缘关系,以(农户)家庭(而不是个人)为单元,靠耕种或外出务工的工资性收入为生,社会同质性高而社会分工和社会分化比较低,社会关系网络中的传统伦理约束、人情特点等文化因素,对村社共同体秩序的维系和延续发挥着整合作用。

沁源富于资源禀赋。森林广袤,全县森林面积220万亩、天然牧坡120万亩,森林覆盖率接近60%;水源丰沛,境内有沁河、汾河两大水系,年均径流量2.6亿立方米;物产富饶,有煤、铁、铝矾土等18种矿产资源,煤炭预测总储量128亿吨,累计探明储量60.25亿吨;野生资源繁盛,全县野生植物种类有百余科965种,道地中药材资源有653种,盛产连翘、黄芩、党参、柴胡等20多种中药材,有400余种鸟类。

沁源县的经济支柱是煤炭产业。全县30座煤矿,产能3520万吨,煤炭产业产值占经济总量的90%左右。丰富的矿物资源在拉动沁源经济发展的同时,也导致沁源长期以来把县域整体发展的重心放在煤矿产业的增长上。发展观念上,当地干部、企业家以及民众,养成了"靠山吃山、靠水吃水"的生产生活方式;在产业结构上,资源开采型粗放经济业态占产业结构比重较大,缺乏布局合理、技术先进的煤化工产业链条,同时,新的经济增长点也尚未形成规模;在基础设施建设上,以公路交通为主的基础设施建设存在瓶颈,严重制约了商贸、物流、旅游等第三产业的发展。面对这样的经济结构和治理理念,沁源县域整体高质量的发展转型提到议事日程上。

2018年,沁源县委针对沁源存在的观念因循守旧、产业结构单一、交通不发达等紧迫需要解决的问题,提出"绿色立县,建设美丽沁源"的发展战略,确立建设"绿色沁源、康养沁源、文化沁源、幸福沁源、美丽沁源"的发展目标,明确"转型、增绿、开放、强基、富民"五大发展思路,并进一步确定了"修路、种树、治水、兴文、尚旅"五条发展路径。这个发展战略就是依托沁源自身的资源环境条件和自然生态底色,确立绿色发展的立县理念,并将这一理念贯穿于县域发展和治理的各个环节、各个方面,逐步探索出一条有效摆脱传统路径依赖、内生发展动力不断提升、社会心态积极向上的资源型县域高质量转型之路。

此后的"绿色立县,建设美丽沁源"发展实践,使沁源经济社会各项事业迈出坚实步伐,呈现出"稳、增、新、变、强"五个显著特征:一是综合施策,保持了"稳"。在国内外经济环境错综复杂、环保约束不断强化的大背景下,坚持稳中求进的工作总基调,坚定不移地转变发展方式，经济社会保持了稳中向好、稳中有进、稳中有升、稳中有为的良好态势。二是产业转型，实现了"增"。在加快推动产业转型升级过程中，坚持高质量发展，深入实施创新驱动，大力开展招商引资，推动了第一、第二、第三产业融合发展、同步递增，实现了产量增长、结构增优、项目增多、效益增强。三是动能转换，展现了"新"。在推动新旧动能加快转换的过程中，坚持新发展理念，充分调动人民群众参与绿色发展的积极性、主动性和创造性，统筹推进绿色、康养、文化、幸福、美丽沁源建设，全县各行各业、各个领域活力迸发。四是改革创新，发生了"变"。在改革发展推进过程中，全面强化开放意识，提升抓开放的能力，拿出促开放的行动，大力推进深化改革、乡村振兴、社会事业，使人民群众的获得感、幸福感、安全感得到进一步提升。五是夯实基础，做到了"强"。在强基固本上，突出重点、攻克难点、狠抓"三基"建设、城乡基础建设、绿色品牌建设，不断筑牢筑强绿色发展根基。

本报告认为，沁源"绿色立县"展示的是沁源治理体系和治理能力现代化这样一个完整的个案，或者说，本报告不把沁源"绿色立县"看作一个县域经济发展转型的个案，后者是对中国县域发展非常狭窄的理解和定义。从传统的体制到今天的体制，县在国家治理结构中的基础性地位一直没变，"郡县治，天下安"，县域治理乃是国家长治久安的根本。也就是说,县是一级政权组织,其中经济发展只是其治理体系结构功能的一个基础部分,并且这个基础部分需要不同的结构——功能支持体系,比如政治、社会、市场等体系,如此,各种制度关系及其功能结构构成了县域治理体系和治理能力,后者才具有县域治理现代化的实质含义。另外,作为一级行政组织和管理层次,县既是县域经济和社会发展的管理决策指挥机关,又是落实党和国家各项方针、政策的执行机关,起着承上启下、联结城乡、沟通条块的重要枢纽作用。总之,只有把"绿色立县"发展战略置于中国县域治理体系和治理能力性质规定的分析框架当中,对县域制度的功能进行细致的分析,而且要同它们意欲满足的需要结合起来分析,也要同它们的运转所依赖的其他制度联系起来分析,才能完整地把握和揭示沁源实践所具有的中国县域治理改革创新的典型意义。

沁源治理的创新之处就是以"绿色立县"为县域高质量发展框架,致力于县域治理体系和治理能力现代化。本报告从以下方面对沁源治理的实践探索做出解读和阐述:第一,政府治理主体的塑造。(1)传统治理思维的改变。政府成为公共事务、公共财政的管理部门,提供公共产品和公共服务,并确保国家与公民之间公共事务的制度化关系。(2)政府治理法治化。政府要保障全体公民的权利,让普通民众通过制度化正常渠道实现自己的利益表达;政府承担运用法律保障经济自由与激励的任务,通过新的权利分配保护经济自由,为高效、合法的交易提供安全保障;政府财政为公共需要负责,保障民众的政治、经济、社会和文化方面的权利。(3)确立政府与社会的法治关系。一方面,明确和限定政府的有限职能,即建立一种有限政府的权力结构,并依此来不断调整国家与非国家组织和团体的关系;另一方面,培育社会自治组织,促使其成为公共秩序不可替代的利益组织化形式,并受法律、法规以及社会规范体系的限制和约束。第二,建构社会治理主体。社会治理主要指的是社会对于社会事务的管理,强调社会组织和公民个体是公共管理的主体,其主要表现形式是社会自治。一方面,社会自治遵循法治原则,以尊重和保护社会成员的基本权利为前提,没有公民个人的结社权,就没有社会组织的自治权;另一方面,公共权力为社会自治提供制度性的法律保障,即对社会自治活动确立人人适用的普遍法律规则。第三,建构市场治理主体。市场自组织是形成市场秩序的基本因素,市场经济促成了平等自治的契约关系、法治原则、自治原则和民主发展进程。这包括两方面含义:一方面,市场主体形成联合形式,成为内生型的利益集团组织,在政府与个体之间起到沟通和协调作用,即防止政府公权力的不当干预行为;另一方面,也约束成员损害市场秩序和社会秩序的行为以及规范市场行为。从市场组织参与市场治理的角度来看,市场治理主体的型构需要推动市场组织的自治化,即市场利益共同体应该成为连接国家和社会两方的协调性经济组织,具有更多的自主性地位和社会权力。

作为个案,沁源样本的典型性在于:第一,具有中国广大农村社会的一般特征,是中西部地区农业县、资源县的典型,因此可以把它作为中国县域治理改革转型的一个样本。第二,产业结构单一但资源丰富,正在发生的产业结构调整和经济转型对中国农村经济发展具有政策启示和示范意义。第三,绿色经济代表了中国县域经济社会发展的前景和方向。

本报告从中国县域治理现代化的两个制度维度对沁源治理实践做出阐述。第一,县域治理体系。在制度层次上,县域治理体系包括政府治理、基层治理和社会治理。在治理领域上,县域治理体系包括政治治理、经济治理、文化治理、生态治理。第二,县域治理能力。首先是关于国家与社会的关系,体现为制度吸纳能力;其次是关于制度之间、部门之间的协调与整合,体现为制度整合力;最后是关系政策制定和有效执行问题,体现为政策执行力。本报告认为,只有从这两个制度维度展开,才能够全面、系统地理解和诠释以"绿色立县"为发展框架的沁源治理的完整内涵和样本意义。并且,本报告试图通过对沁源个案的阐述揭示中国县域治理体系和治理能力的本质意义。

本报告所用的资料和数据均来自2019年5月中国社会科学院政治学研究所项目组对沁源的实地调研和问卷调查。对沁源治理个案的分析和阐述,就建立在这些资料和数据的坚实可靠基础之上。

一 沁源实践与中国县域治理现代化

改革开放40多年，中国县域治理结构、治理基础和治理体系都发生了巨变，涉及治理主体、公共关系、公共规则和公共权威角色在基层社会的存在基础和条件等方面，这些变化既是中国县域治理改革的背景和动力，也是中国县域治理实现转型的社会结构性基础条件。

（一）县域治理改革创新的制度背景与社会结构条件

改革开放后，中国基层治理的经济社会基础发生了结构性的变化。从单位社会的利益组织化架构（农村是人民公社体制，城镇是单位体制）进入了公共社会的利益组织化架构，之前的社会治理体系——"行政单位"体制已解体,个体民众的生存和生活方式进入了个体化、异质化和多元化的社会结构形态当中。

从社会组织结构形式上看,国家或全民所有的社会组织在整个中国社会中所占的比重在迅速下降,在某些经济领域和行业中,国家或全民所有的经济组织已经变成一个很小的部分,取而代之的是私营的、合资的或股份制的经济组织形式。[①] 进入市场组织的人在不断增长,还在单位利益结构当中的人在不断减少。这表明,基层社会治理的规则体系发生了改变,已经从单位社会的利益组织化关系进入公共社会的利益组织化关系当中。

从社会联系方式上看,过去联结人们权利、责任、义务这些因素的纽带,比如单位、村庄、家庭、宗族,已经发生了一个从身份关系到契约关系的变化。人际关系的契约化,构成现代生活各种社会关系中的最基本形式。基于自由合意产生的契约关系正在形成新的共同体,亦即构成社会基本联系的是充满选择和变易的契约关系,结社关系组织化,成为现代经济生活必不可少的联系条件。

从国家与社会关系的变化上看,改革开放以来,社会领域出现了新的组织形式,产生了体制外整合或

---

① 李汉林:《中国单位社会:议论、思考与研究》,中国社会科学出版社2014年版,第1页。

协调个体与个体或个体与国家关系的社团或个体协会。①社会组织的发展有了体制外的成长空间，比如社会中的互助团体、市场中的商会、行业协会组织等各种社团组织，为国家与社会之间的结构性安排以及这种安排的制度化提供了基础条件，也就是说，社会自主化和自治化发展具备了有限的制度条件。

上述结构性变化是国家主导的"规划的社会变迁"。第一，国家改变了对基层社会的管理或治理方式，从政社合一体制到政社分离体制，体制性权力从村社收缩至乡镇一级，国家与基层社会的关系发生了变化。第二，基层社会组织形式发生了改变。在城市，单位体制外的社会成员大量进入市场领域，多元的、异质的社会空间不断扩大；在农村，实行基层群众自治组织形式，这是一种村民个体与集体土地产权相连的成员身份共同体，其自治更多地体现在经济生活意义上。第三，国家权力的退出，但村组制度性权力并没有得到加强，却出现弱化的趋向。这主要是由于基层权力对乡村社会的实质性介入，或者说，改革开放后的乡村社会秩序建构一直处于基层社会权威的重塑过程当中。

---

① 参阅王颖、折晓叶、孙炳耀《社会中间层——改革与中国的社团组织》，中国发展出版社1993年版；时宪民《体制的突破——北京市西城区个体户研究》，中国社会科学出版社1993年版。

（二）县域治理体系与治理能力现代化

为了将个体化、异质化、多元化的社会纳入体制和秩序的范围，一直以来中国地方政府（县）通过制度变革来改变自己与其他社会成分的治理关系，以适应变化了的社会结构和治理环境。这些实践探索可以归纳为如下方面：第一，政府管理导向的改革。包括：（1）结构性改革。确立政府依法行政并提高政府机关的效率，比如，加强基层管理，成立专门的机构解决专门的问题，推行政务公开，建设透明政府，简化审批减少管制，提高效率。（2）功能性改革。建设服务型政府，改善公共服务体制。比如，强化公共服务，完善教育、医疗、社保、就业等方面的公共服务，扩大社会保障的范围，促进社会的公平正义，推动和谐社会建设，同时强化政府的应急处理能力。（3）程序性改革。规范执法行为；实行简政放权、政务信息公开；推进协商民主，完善社会协商机制以化解社会矛盾。比如，拓宽监督公共权力的渠道，加强对政府权力的有效监督，扩大公民有序参与的渠道，推进人民民主的发展等。第二，政府服务导向的改革。在关系民众日常生活的民政、公安、户籍、工商、税务等领域积极开展有效的便民服务。政府也投入大量经费，用于乡村道路、医疗卫生站、公共电视网等公共设施的改进，并大力推进村容村貌整治、文化下乡、特色小镇建设等工程。同时，实施扶贫政策，建立社会救助制度，维护社会弱势群体的权益。第三，完善民间组织管理体制的改革。比如，让利益相关者共同参与，保证公共选择的有效性，增强政府与民间的互动性，将政府机制和社会机制有效地结合起来，实现社会各方共管共治，[①] 从而将大众利益充分组织化，通过联结个体民众与国家的社会组织，全体社会成员都置身于相互勾连的、制度化的网络之中。

当前社会主要矛盾是"人民日益增长的美好生活需要和不平衡不充分的发展之间的矛盾"。也就是说，人民群众不仅对物质文化生活提出了更高要求，而且在民主、法治、公平、正义、安全、环境等方面的要求日益增长。为了解决这一社会主要矛盾，党的十九大报告提出要建立共建、共治、共享的社会治理格局，亦即整合社会各种资源、动员社会多个主体来共同参与对国家社会公共事务的管理，形成社会治理人人有责、人人尽责的局面。因此，当前社会治理改革的核心议题，就是要处理好政府与社会的关系以及市场与

---

① 参阅燕继荣《社会治理的中国经验》，《教学与研究》2017年第9期；俞可平《政府创新的若干关注点——关于1500则地方政府创新案例的分析报告》，2010年8月2日，http：//www.sociloyol.org/shehuibankuai/shehuipinglunliebiao/2010-08-02/10742.hutml，2018年7月20日。

社会的关系。要弄清楚，哪些社会事务需要政府、市场和社会各自分担，哪些需要政府、市场和社会共同分担。在充分发挥政府宏观调控作用、市场决定性作用的同时，更好发挥社会力量的作用。换言之，共建、共治、共享的社会治理格局形塑，涉及治理主体、公共关系、公共规则和公共权威角色在基层社会的存在基础等方面。进一步讲，中国地方治理的改革和转型需要直接面对基层公共性社会关系性质的变化，适应市场经济多元、社会文化多元与价值多元的发展态势，来调整公共体制的经济社会功能和治理角色，实现多中心的社会治理现代化目标，将基层社会治理秩序建立在个人权利和社会权利的制度保障之上。可以说，中国地方治理改革和转型已经进入政府治理、社会治理和市场治理的多元共治的主体型构议程当中。

第一，塑造政府治理主体。（1）改变传统治理思维。当前公共性社会关系性质的变化，要求政府成为公共事务、公共财政的管理部门，提供公共产品和公共服务，并确保国家与公民之公共事务的制度化关系，其权威源于对公民权利的保障和对公共秩序的法治关系维护。这个转变最终反映在公共权威与公民关系的现实政治利益联系上。（2）政府治理法治化。一是树立法治原则。主要有两层意思：其一是法治政府，其二是民主政治。就法治政府建设而言，一方面公权力建立在人民主权原则上,另一方面政府要保障全体公民的权利。就民主政治而言,当前迫切的问题是扩大政治参与,没有政治参与,就没有公意的形成,法治就变成了法制——治理社会的工具和手段。二是公共参与的制度化。当前基层治理体制低效,一个重要的原因是,普通民众不能通过制度化正常渠道实现自己的利益表达,一定程度上被排除在重要政治过程和政策过程之外。三是预算法治和财政民主。一方面,政府承担运用法律保障经济自由与激励的任务,通过新的权利分配保护经济自由,为高效、合法的交易提供安全保障。另一方面,政府财政为公共需要负责,赋予财政以民主的性质,保障民众的政治、经济、社会和文化方面的权利,让纳税人从政府享受到的公共利益大于其通过税收转移给政府的资源价值,这样才能使政府的公共性与基层公共性社会关系的建构内在地关联起来,并形成相互支撑的互惠关系。[①](3)确立政府与社会的法治关系。一方面,明确和限定政府的有限职能,即建立一种有限政府的权力结构,并依此来不断调整国家与非国家组织和团体的关系。另一方面,社会自治组织是公共秩序不可替代的利益组织化形式,它受法律、法规以及社会规范体系的限制和约

---

① 周庆智:《基层公共财政建构的社会治理转型含义》,《学习与探索》2018年第9期。

束，它阻止公共权力直接地、最大限度地施加于每个个体社会成员之上。

第二，建构社会治理主体。一是主体社会建设。从单位社会进入公共社会，社会治理所面临的一个结构性问题，就是在个体与公共体制之间没有一个主体社会的存在，后者是一个介于国家和个人之间的领域，它由相对独立存在的各种各样的组织和团体所构成，这些组织和团体包括家庭组织、宗教团体、工会、商会、学会、学校团体、社区和村社组织、各种娱乐组织和俱乐部、各种联合会和互助协会，等等。社会组织的发展和壮大，能够在政府与个体公民之间确立一个沟通的公共场域，后者的功能就是代表个体与公共组织建立一种协商和共治关系。二是社会治理的自治权利法律保障。社会治理主要指的是社会对于社会事务的管理，强调社会组织和公民个体是公共管理的主体，其主要表现形式是社会自治。自治权利的法律保障关涉两个方面：一方面，社会自治遵循法治原则，以尊重和保护社会成员的基本权利为前提，没有公民个人的结社权，就没有社会组织的自治权；另一方面，公共权力为社会自治提供制度性的法律保障，即对社会自治活动确立人人适用的普遍法律规则，而且所有公共组织均具有有限但独立的自治地位，没有任何个人或群体作为最终的或全能的权威凌驾于法律之上。

因此，法治是社会自治制度化的保障，是社会共同体存在的基础性条件。

第三，建构市场治理主体。市场自组织是形成市场秩序的基本因素，市场经济促成了平等自治的契约关系、法治原则、自治原则和民主发展进程。这包括两方面含义：一方面，市场主体形成联合形式，成为内生型的利益集团组织，在政府与个体之间起到沟通和协调作用，即防止政府公权力的不当干预行为；另一方面，也约束成员损害市场秩序、社会秩序的行为以及规范市场行为。从市场组织参与市场治理的角度来看，市场治理主体的型构需要推动市场组织的自治化，即市场利益共同体应该成为连接国家和社会两方的协调性经济组织，具有更多的自主性地位和社会权力，这意味着国家和社会两边的权力平衡发生了变化。从现状发展上看，尽管目前这类市场组织影响公共政策的程度有限，其扩大影响的方式还不能对公共政策形成压力，但这类经济组织毕竟获得了重要的中介地位。总之，上述发展倾向都不同程度地存在，但它们的发展归根结底取决于社会利益组织化、制度化的连接方法在基层政治秩序中的性质、作用、限度及形式。

中国基层治理实践或创新集中在政府与社会、政府与市场的权力关系领域当中。也就是说，中国基层治理的改革和转型是一个综合性系统，它要实现的是这样一个治理格局：政府机制（政府是主体）、市场机制（企业是主体）、社会机制（社团、社区、社工、社企是主体）三种机制的多元共治，这一种治理格局揭示了当前公共性社会关系性质的变化。也就是说，当前基层公共性社会关系性质的变化，已经具备了社会自己管理自己、多元主体治理等基础性条件。换言之，政府不再是制度来源的唯一主体，社会力量的崛起，为制度供给提供了新的来源；社区、社团、社企、社工等社会力量和组织形式的出现和壮大，为社会秩序提供了有效保障；社会资本对公共产品供给的介入，为社会发展和政治稳定激发出更多的经济活力与社会创造力。[①] 传统基层治理——政府是公共管理的主体，而社会是公共管理的对象——已经难以应对变化了的公共性社会关系，这就需要对传统基层治理做出实质性变革，让基层政府的公共性扎根于基层社会基础当中，同时让社会力量得到充分的发展，使社会能够（也有能力）自己管理自己，形成一种现代公共领域和现代公共生活方式，使政府与社会确立在法治、民主、自治、共治的结构性关系上。

---

① 燕继荣：《社会变迁与社会治理——社会治理的理论解释》，《北京大学学报》2017年第5期。

（三）改革创新：沁源治理的典型样本意义

沁源样本的鲜明特色就是"绿色立县"。沁源从县域转型发展的全局出发，从结构性问题着手，从制度建设和能力建设上落实，以"绿色立县，建设美丽沁源"发展战略为中心，围绕经济、政治、文化、社会、生态文明建设统筹布局，进行顶层设计。也就是说，沁源"绿色立县"发展战略涉及县域经济、政治、文化、社会、生态文明建设等诸多领域，意味着在经济、政治、文化、社会、生态文明各领域整体的转型与重构，最终落实在沁源治理体系建构与治理能力的提升上。

进一步讲，沁源治理实践探索始终围绕这样一个中心议题：坚持政府、市场、社会、企业、群众有机统一，汇聚推动绿色沁源高质量发展的强大合力。治理创新的核心内容包括：一是处理好政府与社会的关系。首先，确立政府合理的职能范围和权力边界，明确社会事务的责任主体，使政府和民众共同承担社会责任。其次，增强社会自治能力。鼓励政治精英、文化精英、经济精英重返故里或入籍乡村，着力提高乡村能人的道德品质和知识素养，推动各类精英广泛参与乡村事务和县域治理。此外，不断完善覆盖城乡的社会综合治理机制，重点加强社会化公共服务保障体系、多元化社会矛盾调处体系、动态化社会治安防控体系、人性化实有人口管理体系、系统化综合信息管理体系等建设。二是处理好政府和市场的关系。明确政府和市场的分工，合理界定政府和市场的边界。也就是，合理界定政府与企业的行为边界，遵循市场规律，尊重市场决定，放宽市场准入，引入市场机制，扩大市场参与，增强企业对市场需求变化的反应和调整能力，提高企业资源要素配置效率和竞争力，营造成熟、开放、公平竞争的市场环境，健全相关法律法规和营造良好的政策环境。三是把政府主导和人民主体有机统一起来。引导广大群众自觉地投入以绿色发展引领高质量发展当中去，同时，政府需要以政策创新激发调动人民积极参与的热情，为广大群众的有序参与创造良好环境，让绿色发展更好地造福沁源人民，更好地为沁源百姓创造良好的宜居环境和高品质的美好生活。沁源上述中心问题及其核心内容方面的创新包括价值的、制度的、规范的、结构的，亦即"社会改革和创新社会治理体制的核心议题，就是要处理好政府与社会的关系以及市场与社会的关系。要弄清楚，哪些社会事务需要政府、市场和社会各自分担，哪些需要政府、市场和社会共同分担。在充分发挥政府宏观调控作用、市场决定性作用的同时，更好发挥社力量的作用"①。也就是说,所有的政府治理实践或创新无不集中在政府与社会、政府与市场的权力关系领域当中。概括地讲,沁源治理的改革和转型是一个综合性系统,它要实现的是这样一个治理格局:政府机制(政府是主体)、市场机制(企业是主体)、社会机制(社团、社区、社工、社企是主体)三种机制的多元共治,这一种治理格局揭示了当前中国地方公共性社会关系的结构特征及其性质变化。

第一,以政治建设为统领。沁源坚持以党的政治建设为统领,树牢正确的发展观、政绩观、生态观,把绿色发展理念自觉转化为沁源各级干部在作决策、抓工作、促发展方面的具体行动,将绿色发展作为绩效评估的重要内容。以供给侧结构性改革为主线,强化创新驱动发展,建设现代化经济体系,力求实现经济提质增效。坚持生态优先,以生态文明建设为引领,以提升城市品位、改善城乡人居环境为目标,以绿色文化引领绿色发展理念入脑入心,把生态文明建设纳入社会公序良俗,进而规范人们的生产生活方式和行为习惯。坚持以人民为中心,持续改善民生,补齐基础设施和公共服务等方面的短板,推动社会事业协调并进,群众精神面貌大幅度改善。(1)从严从实加强

---

① 李培林:《社会改革与社会治理》,社会科学文献出版社2014年版,第3页。

党的建设，提升党员干部政治觉悟，严格执行"三会一课"、民主生活会、领导干部双重组织生活、民主评议党员、谈心谈话等各项制度，着力增强党内生活的政治性、时代性、原则性和战斗性；扎实开展"两学一做"学习教育，使其常态化、制度化；大力落实"维护核心，见诸行动"主题教育，进一步武装头脑、凝心聚魂、推动工作；制定《关于加强干部队伍建设的实施意见》和《关于加强后备干部队伍建设的实施意见》，扎实开展巡视巡察整改自行"回头看"，制定实行《干部提醒制度》和《谈心谈话制度》，修订完善《关于进一步贯彻落实中央八项规定精神的实施细则》，持续保持工作作风建设的高压态势；树立正确的选人用人导向，注重在转型发展一线、项目建设一线、脱贫攻坚一线、应急抢险一线发现干部、识别干部、检验干部，真正做到把在关键时候靠得住、信得过、能放心的干部放在关键岗位。（2）创新"五分工作法"，以高质量党建引领高质量转型发展。党的基层组织是确保党的路线、方针、政策和战略决策部署贯彻落实的基础，是党的全部工作和战斗力的基础。实施"绿色立县，建设美丽沁源"发展战略，必须毫不动摇地坚持和加强党的全面领导，充分发挥并不断强化高质量党建引领高质量转型发展的重要作用，不断提高基层党组织战斗力、凝聚力、号召力、执行力，把基层党组织建设成为宣传党的主张、贯彻党的决定、领导基层治理、团结动员群众、推动改革发展的坚强战斗堡垒，不断拓展新时代绿色沁源高质量转型发展新局面。在具体实践中，沁源创新"五分工作法"，即分领域、分类型、分重点、分层次、分区域整体推进基层党组织规范化建设；深入推进"两创新一规范"，落实"三步四循环"工作法，完善"三会一课"会前会后"双报备"等制度；开展"苦干三个月、党员作表率""整治'三股歪风'，塑造良好形象""五树五严"等活动，全面强化基层党组织的战斗堡垒作用。（3）以有力的社会动员和广泛的公众参与推动县域治理现代化。沁源在全县干部群众中开展"美好沁源"的学习和大讨论，并形成关于沁源未来发展的高度共识，即实现"转型、增绿、开放、强基、富民"的绿色发展。沁源动员全县党员干部群众，严格按照省市提出的各项要求，快速掀起一场"改革创新，奋发有为"的大讨论热潮，紧紧抓住"解放思想"这一核心、"转变观念"这一根本、"破除障碍"这一重点、"解决问题"这一关键、"成果转化"这一导向、"建章立制"这一保障，在推动改革开放再出发、实施乡村振兴战略、提振干部精气神、激发全社会创新动力活力、运用市场理念拓宽发展路径、提升工作标杆和质量上求突破，聚起思想再解放、改革再深入、创新再发力、开放再提质、工作再抓实的强大合力。

第二，更好地发挥政府作用与充分激发市场主体活力相结合。沁源将处理好政府和市场的关系作为一个重点，在遵循市场规律，善用市场机制解决问题的前提下，政府勇担责任，干好自己该干的事。明确政府发挥作用的边界，使政府有所为、有所不为，才能使市场在资源配置中起决定性作用。为此，沁源在尊重市场规律的基础上，用改革激发市场活力，用政策引导市场预期，用规划明确投资方向，用法治规范市场行为。沁源牢固树立服务群众、服务社会的意识，加快服务型政府建设步伐，努力做好政府职能转变的加减法。抓好政府机构改革，深化交通、城管、文化等综合执法改革，稳步推进事业单位分类改革。深化"放管服效"改革，利用"互联网+政务服务"，抓好"一门一网一次"改革，实施"一窗受理、集成服务"审批模式，促进政务服务更加高效便捷，持续创优"审批最少、流程最优、体制最顺、机制最活、效率最高、服务最好"的"六最"营商环境。同时，沁源牢牢把握市场化改革方向，围绕市场需求推动资源型经济转型发展，积极研究市场、发现市场、培育市场、开拓市场。充分发挥市场在资源配置中的决定性作用，完善市场机制，打破行业垄断、地方保护等，增强企业对市场需求变化的反应和调整能力，提高企业资源要素配置效率和竞争力。积极推广PPP等合作模式，进一步扩大金融、教育、医疗、养老、保障性住房等领域的市场资金规模，激发出经济内生动力和市场主体活力。抓好省级经济技术开发区建设，借鉴省转型综改示范区改革创新经验，探索开发区行政管理体制和市场化运营模式分离，深化"三化三制"改革，不断激发开发区主体活力。

第三，强化民生保障，增进民生福祉。针对群众普遍关心的教育、医疗、社保、安全等问题，沁源找准切入点和落脚点。一是深化实施教育质量提升工程，在强化学校内部管理的同时，深化与北京师范大学、山西大学附中等名校的合作，探索中小学教师县管校聘改革，同时下大力气解决生源流失问题，促进城乡义务教育均衡发展，全面提升各级各类学校教育质量。二是继续推进县乡医疗机构一体化改革，完善医疗集团功能，强化基层卫生人才队伍建设；加大县级医疗机构与山西医大一院、长治市人民医院等省、市重点医疗机构的医联体建设力度，推动优质医疗资源向基层下沉，促进基本公共卫生服务均等化。三是加强社会保障，实施全民技能提升工程，完善服务体系，抓好高校毕业生、退役军人、转岗安置职工、就业困难人员等群体就业，促进居民稳定增收；实施全民参保计划，推进"社保全覆盖，服务一卡通"；健全社会救助制度体系，统筹推进公益慈善和扶老、助残、救孤、优抚等事业发展，最大限度保障困难群众基本生活，增强托底功能，筑牢民生底线。四是健全安全管理体系，全领域强化安全责任落实，全覆盖开展安全生产大检查，全方位深化社会综合治理；同时加强国防教育和国防后备力量建设，抓好双拥和退役军人管理服务落实，推动军民融合深度发展；牢固树立安全生产永远在路上的理念，从严从实从细狠抓措施落实，从而深度筑牢安全发展根基。

第四，创新乡村治理，巩固脱贫成效。加强社会治理制度建设，完善党委领导、政府负责、社会协同、公众参与、法治保障的社会治理体制，提高社会治理社会化、法治化、智能化、专业化水平。着力加强乡村治理，强化农村基层党组织领导核心地位，发挥自治章程、村规民约的积极作用，完善县、乡、村三级综治中心功能和运行机制，全力构建乡村治理新体系。在精准扶贫过程中，统筹考虑乡村周边土地、生态等资源条件，结合乡村经济社会长期发展任务目标，高标准规划完成住房、道路、绿化等基础设施建设和环境治理工作，为提高乡村地区对人才、社会资本的吸引力，发展壮大乡村集体经济，进一步推动精准扶贫和乡村振兴有效衔接，奠定了坚实的基础和支撑。沁源大力实施乡村振兴战略，巩固脱贫摘帽工作成效。

以农村人口为主要构成的沁源在2018年实现了脱贫摘帽。为巩固脱贫成果，特别需要依托乡村振兴战略，补牢产业发展基础、改善基本公共服务、提高治理能力。为此，沁源围绕"富民"目标，认真落实《沁源县脱贫成效巩固提升2018—2020三年规划》，推进农业产业扶贫实施方案，坚持脱贫摘帽不摘责任、不摘政策、不摘帮扶、不摘监管、不摘标准"五不摘"，继续推进分战区作战、分片区竞赛，不断拓展产业扶贫、就业扶贫、健康扶贫等政策覆盖面，切实抓好易地扶贫搬迁拆除复垦工作。建立返贫预警机制，重点从把握方向、教育引导、帮扶方式、能力提升、需求对接、示范引领和政策落实等方面抓好落实，全面巩固脱贫成果。

第五，加快新型城镇化建设，推动城乡协调发展。沁源着力解决城乡之间不平衡不协调问题，城乡发展一体化提标上档。坚持推进以人为核心的新型城镇化，树立"精、特、美"理念，优化空间布局，增强承载功能，构建城乡互动、协同发展、特色明显的新型城乡发展格局。针对产业、人口布局分散的困局，沁源在县城建设总体规划、产业布局规划、土地利用总体规划方面进一步发力，充分考量沁源自然资源禀赋和长久以来形成的产业积淀，加快县城扩容提质，科学合理地将同一产业环节（共性而非互补性的企业组成）向中心镇、县城集中，发挥县城辐射带动作用，稳步推进县域绿色高质量发展。坚持"规划先行、产城融合、城乡互动、一体发展"的基本原则，推进县城、重点镇、中心村一体化协调发展，建立完备的城乡基础设施和公共服务设施；建立现代城市管理体系，不断完善城市功能，加快智慧城市建设，结合县域发展需求，统筹规划建设智慧交通、智慧旅游、智慧政务等公共信息服务平台，提升社会服务管理水平；围绕建设"山城、水城、绿城、红城、趣城、慢城"，高端规划县城"两山"理念生态综合体、沁河景观桥及东山慢道、丁城渠景观带和"袖珍古城"，丰富县城绿色文化内涵和品位；以"城中村"、棚户区改造为切入点和突破口，完成一期改造签约、拆除和二期改造前期工作，启动安置房建设项目，有序推进新区扩容，同步配套交通、通信、网络、水、电、热、气及排污、垃圾处理等基础设施建设；建设重点城镇，高标准完成郭道镇小城镇建设，重点做好郭道客运站、集中供水、污水处理、集中供热和垃圾收转运工程建设，全面提升太岳重镇综合承载能力；有序推进灵空山镇、李元镇、王和镇、王陶乡等地市政公用及基础设施建设，构建新兴工业、特色农业、生态旅游、物流商贸等各具特色的县域次级集聚中心；全面进行中心村整治规划，以乡村振兴战略规划和专项规划为指导，实施农村危房改造，推进乡村人居环境改善工程，加强对古寨等传统村落的保护；开展拆违治乱、乡村绿化、垃圾治理、污水治理、厕所革命、卫生乡村六大专项行动，改造农村户厕1.8万座、公用"绿色驿站"238座，争创省级改厕示范县，打造一批省级、市级美丽宜居示范村，逐步提高乡村人居环境质量。

第六，发挥政府主导作用，推动共建共治共享。县域治理需要整合政府与社会各方力量共同参与，将经济转型发展与构建共建、共治、共享的社会治理格局紧密结合。实施"绿色立县，建设美丽沁源"需要政府主导、凝聚各方力量。为此，沁源成立推进绿色发展领导小组，由县委、县政府主要领导牵头负责，健全完善综合决策机制，定期组织召开会议研究部署；支持各民主党派、工商联、无党派人士参与绿色发展，积极建言献策，充分发挥民主监督作用；加强生态环保热点问题舆论引导，重视发挥新闻媒体的监督和促进作用；鼓励、引导民间环保组织有序参与，注重引导发挥志愿者的积极作用；完善公众参与决策制度，保障群众知情权、参与权、监督权。通过构建全民参与的社会行动体系，让推进"绿色立县，建设美丽沁源"成为全县人民的自觉行动。沁源县委以"多办利民实事，多解民生难事"为工作导向，力求使群众的获得感、幸福感、安全感更加充实、更有保障、更可持续。沁源坚持发展和治理并重，围绕人民对美好生活的向往推动县域治理体系的完善与优化，并以城乡各行业领域治理体系的健全优化，引领经济、政治、文化、社会等各领域全局生态改善，不断提高县域发展转型内生动力，实现了发展和治理的有效互动、互促共进。

第七，进一步扩大开放，丰富开放的内涵。沁源长期受地理位置和交通因素限制，观念的大门打不开，先进的知识进不来，经济社会发展的速度不够快、质量不够高。"开放"是大势所趋、发展所需，也是沁源转型发展的必由之路。为此，沁源通过修路打通内外发展脉络，县域招商引资与招才引智一体推进，促进人才、资金、技术、项目落户沁源，解决发展内外联动问题，为打造高质量开放型经济增添新活力，进而实现以开放引领经济转型，构建更大范围、更宽领域、更高层次的对外开放新格局。沁源深刻认识到，县域经济不是封闭的经济，只有与更大的城市圈、更密集的经济体结合，才能保持发展的活力。当前，沁源进一步拓展对外开放的力度、广度和深度，注重建立与智库、高等院校、科研院所等机构的长效联动机制，合力将沁源打造成县域高质量发展的全国样板；同时放眼于区域、国际合作，深度融入"一带一路"建设和京津冀、山西转型综改试验区等国家重点战略，谋划布局绿色沁源（山西）资源展示中心，以吸引更多的现代产业、先进生产要素以及优秀人才向沁源集聚。

二 政府治理体系和治理能力现代化

党的十八届三中全会指出,全面深化改革总目标是推进国家治理体系和治理能力现代化。政府作为重要的治理主体,也要实现政府治理体系和治理能力现代化。通过不断深化推进政治建设和行政体制改革,实现有效的政府治理。近年来,沁源政府管理与公共服务围绕着"绿色立县,建设美丽沁源"发展战略,坚持"转型、增绿、开放、强基、富民"的思路,统筹推进城乡建设、民生事业等各项工作。尤其是党的十九大以来,沁源把政治建设放在重要位置,为决胜全面建成小康社会奠定坚实基础。沁源县委十三届七次全会(2019年12月16日)总结指出,实施"绿色立县,建设美丽沁源"发展战略,坚持"转型为纲、项目为王、改革为要、创新为上"理念,坚决打赢三大攻坚战,全面做好"六稳"工作,统筹推进稳增长、促改革、调结构、惠民生、防风险、保稳定各项任务,着力提升治理体系和治理能力现代化水平。

图2 中共沁源县委十三届七次全体会议

(一) 政治引领与理念先导

沁源治理实践,有战略目标和理念先导,同时加强政治建设,突出了政治引领的重要保障作用。

1. 坚持"绿色立县"战略,提供发展理念先导

(1) 以新理念为先导,用新战略谋划新发展。沁源坚持习近平新时代中国特色社会主义思想,转变思想观念,充分立足于当地丰富的资源禀赋、优越的生态条件、深厚的文化底蕴,以"绿色"为重点突破方向,着眼长远、确立"绿色立县,建设美丽沁源"发展战略。围绕这一发展战略,确定了"转型、增绿、

开放、强基、富民"的发展思路，以及"修路、种树、治水、兴文、尚旅"的发展路径。这是最为关键的"绿色立县"发展理念的引领，也是转变思想观念和对中央提出新发展理念内涵的客观全面认识与行动转化。发展理念的引领，更好地发挥当地生态资源优势，破解煤炭产业结构瓶颈制约，以发展方式转变和结构性改革提升发展质量和效益，在发展基础上增进公共服务供给和促进民生持续改善。

（2）坚持规划先行与协调发展。规划引领即在顶层设计基础上去规划，围绕着建设"绿色沁源、康养沁源、文化沁源、幸福沁源、美丽沁源"的目标，包括转型发展规划、城市建设规划、绿色农业发展规划，都突出了规划先行与引领。沁源牢固树立协调发展理念，坚持以"五规合一"为引领，进一步优化城乡空间布局，完善城乡一体化体制机制，促进城乡共同繁荣。多规合一加强各类规划的统筹管理和系统衔接；点面结合，既抓全县总体规划，也同步推进示范村的规划，点上规划和面上规划协调起来。规划协调还强调上下统筹，即县级层面、乡镇层面、示范村层面要统筹起来。规划先行成为全面实践沁源发展战略目标的重要依据。

（3）打造"五园"建设，推动乡村振兴。

第一，建设全域旅游大乐园。沁源县拥有220万亩森林资源、120万亩草坡，森林覆盖率接近60%，居山西省第一；沁源县拥有沁河、汾河两大水系，年均径流量2.6亿立方米，是山西相对富水区。与南方的绿水青山相比，沁源县有独特之处：一是具有海拔层次性。沁源地处太岳山中心地区，最高海拔2523米，最低海拔939米，层次分明，落差较大。境内的花坡，海拔1800米至2500米，总面积40平方公里，是华北境内极为罕见的典型亚高山草甸之一，属高原气候。二是具有生物多样性。因为海拔的层次性决定了生物的多样性，不同的纬度孕育着不同的生物。沁源县境内有中草药700多种，被誉为"北药之首"；有400余种鸟类，是"鸟的天堂"；动植物种类繁多，其中有褐马鸡、金钱豹、黑鹳、金雕、原麝5种一级保护动物，胡桃楸、野大豆、刺五加、水曲柳、无喙兰5种国家珍稀濒危保护植物，漆树、膀胱果、刺楸、流苏树、锦带花、党参、桔根、文冠果8种省级濒危保护植物。三是具有气候冷凉性。沁源位于北纬36°，处于亚热带和温带的过渡地带，雨量充沛、冬无严寒、夏无酷暑，四季分明、风景如画，有着绝佳的、适宜养生居住的自然环境。沁源依托独特的自然生态资源，打造全域旅游大乐园，让整个沁源成为一个走到哪儿都能玩、都能游、都能看的大乐园。

第二，建设全域康养大田园。沁源森林资源、水资源以及中草药、动植物资源非常丰富，空气清新，负氧离子浓度值高，是大自然赐予的"天然氧吧"，整个沁源就是一个"采菊东篱下，悠然见南山"的大田园。沁源县依托丰富的道地中药材资源优势，做大做强"北药之首"品牌，培育中医药健康产业集群；依托独特的山地优势，大力发展山地自行车赛、越野赛、自驾游等体育运动项目，培育运动健康产业集群。同时，将文化、康养、教育、体育融合发展，以养心、养生、养老为发展方向，以森林生态体验、生物多样性展示、森林康养度假、观光旅游休闲、森林科普宣传为途径，全力把沁源打造成康养目的地、自驾目的地、采风目的地、研学目的地、会议目的地以及运动员训练基地，构建集旅游、医疗、康复、保健、教育、文化、体育等于一体的康养旅游产业体系，努力把沁源打造成全国一流的旅游康养胜地，叫响"夏住沁之源"绿色康养品牌。2018年以来，沁源县荣获"国家生态文明建设示范县""中国天然氧吧""全国森林康养基地建设试点县""全国森林旅游示范县""中国深呼吸小城100佳"等16项"国字号"生态名片。

第三，建设全域度假大游园。沁源县积极构建全域旅游格局，打造以灵空山、菩提寺、灵通寺等为代表的宗教文化旅游点，以沁源袖珍古城、王头、任家庄、豆壁、大栅、古寨、马森、下兴居等为代表的古堡民居旅游点，以沁源围困战纪念馆、太岳军区司令部纪念馆等为代表的红色文化旅游点，以花坡、芊林背、沁河源头、龙凤峡等为代表的自然风光旅游点，规划打造了中巴（轿车）、越野车、徒步三类16条精品旅游线路。同时，以池上宿集、隐居乡里沁源项目为突破，打造更具吸引力的民宿旅游品牌；以"二沁"英雄大道建设为重点，塑造更具影响力的抗战文化旅游品牌；以"两中心一平台"（新时代文明实践中心、融媒体中心和"学习强国"平台）为载体，提升更具凝聚力的"冬享民俗年"文化旅游品牌。在此基础上，持续不断进行修路，有机贯通各景区景点，形成更多精品旅游线路；抓紧配套基础设施，加快文化旅游景区、农家乐、民宿、旅行社建设，着力构建"星级酒店＋主题酒店＋民俗＋营地"多元化住宿体系，努力让游客栖在品质中、宿在品位中、住进人情里、睡在自然中、食在健康中。

第四，建设全域美丽大花园。沁源坚持绿化、彩化、财化"三化"同步发力，大规模营造生态林、多树种配置景观林、大力度发展经济林。（1）抓好国土绿化。持续推进大规模绿化、大范围绿化、大面积绿化，大力实施退耕还林、荒山绿化、经济林提质、天然林保护等行动，每年以增加1—2个百分点的速度，不断提升全县森林覆盖率。抓好城乡绿化。按照增绿、增景、增色、增量、增效"五增并举"要求，突出抓好通道绿化、口子路绿化、景区景点绿化、园林绿化、滩涂绿化、农田林网建设等，确保城乡绿化工作再提升、再提质、再提效。（2）抓好花带、景观点建设。规划道路两侧花带建设，通过种植花草、观赏性的农作物、中药材，营造形状各异、规模不等的自然式花带。在各乡镇的大路连接点，建设生态驿站，汽车停靠站、文化宣传站、生态景观站和宾客休息站等一些小景观，在一些关键的地段节点打造小花园、小游园，形成万紫千红花海景观。（3）抓好创评活动。深入开展绿色机关、绿色村庄、绿色社区、绿色企业、绿色学校、绿色庭院创建活动；积极推进国家森林城市创建、花坡草原公园试点，加快"两山"环城森林公园、菩提山森林公园、韩洪森林体验基地、景凤慢生活休闲体验区、法中乡"油松大道"建设。力争成功创建"绿水青山就是金山银山"实践创新基地。（4）抓好生态产业。继续巩固扩大"全国林下经济示范县"成果，以内涵式提升、规模化拓展、高质量发展、社会化发展的措施，扎实推进生态修复、生态保护、生态扶贫、生态经济，大力发展林药、林菌、林禽、林牧等林下产业，实现生态效益与经济效益相统一。

第五，建设全域友善大家园。太岳山中的沁源人民，绵延两千多年的农耕文化、森林文化、河流文化、民俗文化、历史文化、红色文化，孕育形成了淳朴厚道、坚韧不拔、诚信友善的"沁源好人"精神。深化拓展"三治九化"乡村治理模式，开展"零上访、零案件、零事故"单位创建活动，推进"一约四会"（村规民约、道德评议会、红白理事会、村民议事会和禁毒禁赌会）和"一墙三榜"（核心价值观宣传墙、善行义举榜、当代乡贤榜、文明家庭榜）建设，深入开展农村移风易俗和"星级文明户"创评工作，修订完善村规民约，积极倡导婚事新办、丧事简办、余事不办，加快推进殡仪馆项目建设，厚植文明乡风、良好家风、淳朴民风，建设人人有责、人人尽责、人人享有的社会治理共同体。沁源县被评为"山西省精神文明先进县"，成功创建省级文明县城。

2. 坚持政治引领，为创新发展提供政治保障

坚持政治引领和思想创新，加强干部队伍建设，提升各级干部对绿色立县的认识和引领推动绿色发展的主动性自觉性。

（1）加强思想建设和创新理政。沁源县委解放思想、实事求是，深入开展"改革创新、奋发有为"大讨论，聚焦"六个破除""六个着力""六个坚持"，大胆闯、创新试、加油干，打好改革创新"组合拳"，有效破解转型发展等关键领域的瓶颈制约，增强施政

能力，提升服务水平，更好履职尽责。① 全县领导干部和政府人员按照"崇尚学习、加强学习，崇尚创新、勇于创新"的要求，潜心学习掌握改革发展中的新知识、新理论、新技能，增强工作制胜的看家本领，提升适应高质量发展的专业能力、专业素养和专业精神。

（2）加强政治建设，坚持廉洁从政和强化效能建设。党的十八大以来，党中央把严肃党内政治生活、净化党内政治生态摆在更加突出的位置，坚持全面从严治党。习近平总书记也多次强调良好的政治生态对于经济社会安定有序发展、对于干部队伍的重要性。沁源持续构建良好的政治生态，"坚持以党的政治建设为统领，把党的政治建设摆在首位，压实强化管党治党的政治责任，巩固发展风清气正的政治生态，为新时代绿色沁源走好高质量转型发展之路提供坚强政治保障"②。

（3）为加强廉洁从政，沁源全面落实党风廉政建设责任制。抓住落实党风廉政建设主体责任"牛鼻子"，以主体责任落实带动各方面责任落实。深入推进廉政风险防范，发挥审计、监察职能作用，加强对重要领域、重点工程和关键环节的监督管理，坚决纠正损害群众利益的不正之风，严肃查办违纪违法案件。

---

① 参见沁源县2019年政府工作报告（http://www.qinyuan.gov.cn），2019年3月12日。

② 《新时代县域高质量发展的沁源探索》，人民论坛网（http://www.rmlt.com.cn/2019/0718/552212.shtml），2019年7月18日。

树立"过紧日子"和"会过日子"的思想,严格落实八项规定等要求,严管"三公经费"管理,强化预算约束,制定实施财政支出绩效评价管理办法,把有限的资金更多地用在改善民生、推动发展上,以政府的新作为赢得全县人民的支持和信任。比如2016年,推进党风廉政建设,全县共立案106件,党政纪处分137人;层层约谈强化正面引导,营造相信组织、主动向组织讲清提问的强势氛围,共有92人次主动向组织讲清问题,主动上缴违纪金额33.34万元,"35581"廉政账户收缴资金214.33万元。① 提倡"马上就办"精神,不断增强政府执行力。通过对重点任务的台账管理,拓展延伸实施信息化督办制度,整治庸懒散拖等行为,把政府的廉洁从政与廉政责任制的落实与提高政府效能紧密联结起来。

(4)加强干部队伍建设和理论武装,提供发展的领导资源。沁源多措并举调动干部队伍的积极性、主动性、创造性。强化干部教育培训,创新干部教育和管理形式,采取集中学习、专题培训、实践锻炼等形式,深入开展政治理论、政策法规、经济金融、农业等方面的培训,全面提升党员领导干部队伍综合素质。从严管理监督干部,建立从严治吏长效机制。在干部

---

① 参见中共沁源县委办公室2016年度工作总结(内部资料),2016年11月。

日常监督管理方面，对履职不到位、办事不公、群众意见较大的进行诫勉谈话，情节严重给予组织处理；对不胜任、不称职党员干部进行组织调整，对失职、渎职干部严肃问责。同时，通过培训管理制度，提升党领导经济社会发展的能力和水平。"创新领导经济社会发展的观念、体制、方式和方法……提高各级党组织把握方向、谋划全局、制定政策、推进改革的能力，提高科学决策、科学管理水平。"[①] 沁源县委坚持把"三基建设"作为纵深推进全面从严治党的一项重要举措，进一步抓基层、打基础、提能力，为全县改革发展各项事业提供坚强保证。优化领导班子知识结构和专业结构，实施各类干部专业能力提升工程、基层干部能力提升工程，全面提升各级干部改革创新的能力，确保各项改革举措有效落实。

（二）政府管理改革与法治政府建设

实现政府治理体系和治理能力现代化，政府管理体制改革以及政府自身建设都是极其重要的改革内容，同时也是实现经济社会全面发展战略的体制基础和保

---

① 参见沁源县《国民经济和社会发展第十三个五年规划纲要（2016—2020）》，沁源县政府网（http://www.qinyuan.gov.cn），2017年3月15日。

障。政府管理改革的核心涉及政府与市场、政府与社会、政府与公民的关系。沁源县围绕绿色立县发展战略，不断深化政府管理体制改革，加强依法行政和建设法治政府，走出了政府管理改革的沁源路径。

1. 推进行政审批制度改革，优化营商环境

党的十八届三中全会提出，"使市场在资源配置中起决定性作用和更好发挥政府作用"，要求地方政府重点履行好公共服务、市场监管、社会管理、环境保护等职责。这为地方政府管理改革提出了指导方针和发展方向。政府管理改革目标之一是通过进一步优化营商环境，促进经济社会全面发展。国务院多次聚焦优化营商环境问题，强调"要更大限度激发市场活力、调动人的积极性和社会创造力"，"营造公平竞争的市场环境，激发创业创新活力"。"对于公共服务型政府来说，营商环境无论在什么时候都是一个至关重要的问题。"[1] 在政府改革领域，通过扩展行政审批制度改革和优化营商环境是关键路径之一。

沁源县加快政府职能转变，着力提升政府的宏观调控和服务水平，进一步完善社会主义市场经济体制，激发市场和社会的创造活力，推动政府职能向营造开放透明的法律环境、创造公平竞争的市场环境和稳定

---

[1] 杨志勇：《优化营商环境的价值、难点与策略》，《改革》2018年第10期。

有序的经营环境、提供优质公共服务、维护社会公平正义转变。抓住重点领域和关键环节的改革，着力健全使市场在资源配置中起决定性作用和更好发挥政府宏观调控作用的制度体系，激发县域转型发展的活力。在国务院全面深化"放管服"改革的政策指导下，沁源结合当地实际从多层面、多领域推动政府改革。从行政审批制度改革到全面"放管服"改革，确保经济社会发展的环境持续优化。

（1）行政审批程序和运行管理制度改革。规范行政审批程序，精简申报材料，减少预审和前置审批环节，实行一门受理、限时办结、压缩时限，超时警告、统一送达、全程监督的标准化管理。继续精简行政审批事项，加快推进投资项目联审联批，加快投资项目在线审批监管平台应用，全面落实"13710"工作制度，实行清单化、项目化、责任化管理，形成同步受理、并联办理、限时办结、信息共享的审批工作模式。加强政务服务中心和审批平台建设。创建行政审批"绿色通道"，保留的行政审批事项全部进入政务服务中心办理，充分发挥政务大厅窗口的平台作用，推动政务大厅的科学化管理，提升审批的精细化、便捷化、透明化，驱动行政审批全面提速增效。在行政审批管理制度改革方面，开展企业投资项目承诺制改革试点，基本完成统一清单告知、统一平台办理、统一流程再造、统一多图联审、统一收费管理"五统一"目标任务，进而探索无审批制度改革。其中，固定资产投资项目联审联合审批、企业投资项目承诺制无审批管理走在全市前列。在实行企业投资项目承诺制基础上，建立事前制定标准、企业信用承诺、放宽准入限制、加强过程监管、服务和验收复核的管理模式，进一步确立企业投资主体地位，落实企业主体责任。

（2）实行权力清单及其动态调整和监管制度。权力清单制度是行政审批改革的一项重要内容。沁源健全精简高效的权责清单和负面清单制度，统一规范各类审批、监管、服务事项。制定公布并动态调整更新县级权力清单事项。在2016年，制定公布了全县的权责清单，此后，根据法律法规的立改废释、机构和职能调整以及简政放权等情况，对全县27个县直部门、14个乡镇的权力事项进行全面梳理，督促各部门动态调整"两单两图"。2018年，对应取消行政审批事项9项，证照年审年检事项3项，动态调整县政府13个部门95项行政职权，清理规范14项行政审批中介服务事项。同时加大事中事后监管力度，建立县级事中事后监管制度150余项，进一步厘清了部门职责。把综合执法改革与"双随机、一公开"的监管制度结合起来，推行跨部门联合执法。为有效监管，完善了随机抽查事项清单，沁源县政府与各部门衔接沟通，通过与各部门衔接沟通，全县27个责任单位以权责清单中的行政检查事项清单和原随机抽查事项清单为基础，编制修订了共计338项随机抽查事项清单，并适时进行动态调整。

（3）持续优化服务改革，打造"六最"营商环境。

第一，优化服务最突出的是在持续深化一窗通办、不见面审批和最多跑一次审批服务改革的同时，全面推行网上审批。应用在线审批监管平台和网上投资项目联审联批制度，多图联审，联合验收。有效承接上级下放的审批事项，深化商事制度改革和登记制度改革，营造宽松平等的市场准入环境。"在实行先照后证、五证合一、一照一码登记制度的基础上，推进个体工商户的两证整合制度，个体工商户设立登记由市监部门核发营业执照、税务部门核发税务登记证改为一次申请，即由市监部门核发加载法人和统一社会信用代码的营业执照。简化住所登记，全面实施'申报承诺＋清单管理制'登记模式改革。"企业办照时间已压缩在3个工作日内，县域企业对工商登记用时均比较满意，这些措施促进了市场主体的创新发展。

第二，优化服务体现在增强服务中小企业和经济发展，激发民营经济活力。沁源政府坚持问题导向、服务导向、效果导向，深入开展干部入企服务活动。

例如，2016年有63名干部深入21个规上企业送政策、送服务，解决项目手续办理、资金短缺等各类问题75个，切实为企业排忧解难。建立为企业服务的常态化机制，开展在建重点工程项目无障碍施工、整治涉企合同执行难、化解企业担保链风险、减证便民等8个专项行动。沁源县成立了中小企业服务联盟，培育"小升规"企业4个，小巨人企业2个，小微企业237个，打造小微企业服务站10个，发展环境不断优化。

第三，优化服务体现在全力创造"六最"营商环境。推进"放管服效"改革，在实施企业投资承诺制和市场准入负面清单制度、创新服务体制机制的基础上，全力优化审批最少、流程最优、体制最顺、机制最活、效率最高、服务最好的"六最"营商环境，吸引更多的企业家、投资商到沁源投资发展，为各类企业家平等使用生产要素营造公平竞争环境。沁源县2019年出台了《沁源县人民政府办公室关于开展营商环境评价评估工作的通知》，对全县开办企业、办理建筑许可证等15项指标进行营商环境全面评价。同时，县政府成立了全县优化营商环境工作领导组，负责统筹协调、督促指导、整体推进全县优化营商环境各项工作，协调解决工作推进中的重大问题。一系列制度建设和评价制度的实施，沁源营商环境得到不断优化。

第四，优化服务还有重要的政务服务体系与政务平台建设。沁源逐步形成县、乡两级上下联动、覆盖城乡、功能完善、运行高效的政务服务体系。在推进政务服务平台标准化建设方面，依托县政务大厅，推进"互联网+"政务服务，制定全县政务服务标准化实施意见，推进窗口建设、事项办理、流程优化、服务制度、办事公开、考核评价标准化，优化提升县政务大厅服务功能。优化政务服务事项全流程网上办理，推进办事材料目录化、标准化、电子化，建立网上预审、网上验证核对等机制，推动实体大厅与网上大厅融合，实现线上线下一体化运行，变"人在路上跑"为"资料网上跑"，实现无间隙、零距离服务。

（4）进一步使放管服改革向纵深发展，还有一些需要进一步完善和改进的领域。针对目前仍然存在的一些问题，通过改革来优化营商环境的重要维度上，有几点需要持续关注与更深入改革。一是更深层次发挥"互联网+"大数据技术优势。"按照信息共享的种类、标准、范围、流程，建设统一的中央和地方、部门之间的信息共享平台。实现政务服务的标准化、精准化、便捷化、平台化、协同化。"[①] 一方面是地方与上级的服务数据信息对接，另一方面是做好数据的安全保护，解决数据人才问题，加强大数据人才的引

---

① 杨小军、杨霞：《行政审批制度改革成效、问题与探索》，《行政管理改革》2018年第12期。

进，也是为"大数据+"行政审批制度改革提供人力资源智力支持。二是驱动有效监管是优化发展环境的重要保障。"以数据信息驱动的监管使政府将更加有效率、更加开放、更加负责，引导政府前进的将是基于实证的事实，而不是意识形态，也不是利益集团所施加的影响。"[1] 重构行政审批模式着力在制度和技术层面有效地解决"重审批、轻监管"的问题。三是切实运用法治思维和法治方式推进行政审批改革。这与建设法治政府的目标相一致，包括审批程序重构、审批分类改革。"为实现立法与改革相衔接，避免出现审批事项取消下放后的空档期，应实现政策主导型改革向法治主导型改革的转变。"[2] 这也能确保真正发挥法治对行政审批制度改革以及优化营商环境的引领与保障作用。

2. 加强依法行政和建设法治政府

党的十九大报告指出，全面依法治国是中国特色社会主义的本质要求和重要保障，是国家治理的一场深刻革命，要坚持法治国家、法治政府、法治社会一体建设。依法行政和建设法治政府是全面依法治国战略的重要组成部分。按照国家法治政府建设目标任务，

---

[1] 倪楠：《"互联网+"背景下行政审批制度改革的优化路径》，《探索》2019年第5期。

[2] 马怀德：《行政审批制度改革的成效、问题与建议》，《国家行政学院学报》2016年第3期。

沁源县加强依法行政和建设法治政府的重点体现为规范依法科学决策，权力行使全面接受监督。

（1）严格依法行政和依法科学决策。健全科学民主依法决策机制，关键之一是依照公众参与、专家论证、风险评估、合法性审查、集体讨论研究的法定程序进行，建立并实施重大决策终身责任追究制度及责任倒查机制，对决策严重失误或者依法应该及时做出决策但久拖不决造成重大损失的要追究相关责任主体的党纪政纪和法律责任。沁源县完善重大事项集体决策机制，比如，对于城镇化建设、项目建设和涉及人民群众切身利益的重大事项的决策，凡政府制定的各种重要文件、县长办公会确定的有关议题，都交由政府法制机构进行合法性审查，促进依法决策、依法行政。2018年，县政府法制机构审核政府文件和协议40余件，对其中19件提出修改建议意见，涉及县城更新改造、PPP合作协议、垃圾分类处理、乡村振兴等方面内容，为政府科学、民主决策提供了法治保障。

（2）树立法治观念和法治思维，推动政府工作在法治轨道上运行。行政权力必须依法行使，严格按照法定权限和程序履行职责，做到有法必依、执法必严、违法必究。为坚持遵循法治，强化法治思维和法治方式，沁源开展政府工作人员法治培训，增强各级领导干部法治观念，真正地树立宪法法律至上、法律面前人人平等、权由法定、权依法使等基本法治理念，提高运用法治思维和法治方式的能力，切实做到依法办事、依法行政，充分发挥领导干部对推进法治建设的表率作用。权力行使要公开透明和依法接受监督。沁源深入推进政务公开，依托政府网站，搞好政务信息公开工作，让权力在阳光下运行，保障群众的知情权、参与权、监督权。在信息公开的内容上不断拓展，包括决策公开、执行公开、管理公开、服务公开、结果公开，提高政府工作的透明度。建立健全各项监督制度，包括接受人大监督，听取各民主党派、工商联、无党派人士和人民团体意见，推进审计监督，接受和拓宽社会舆论和群众监督。依法接受各方面监督取得成效。比如，2018年，办理县人大建议意见127件和政协提案124件，办复市长信箱22件、县长信箱38件、县委书记和县长公开热线反映事项707件，参加市广播电视台《党风政风热线》节目3期，进一步畅通社会监督和民意诉求渠道，政府公信力不断提升。

（3）深入推进和加强法治政府建设。中共中央、国务院在2015年印发了《法治政府建设实施纲要（2015—2020年）》，提出建成法治政府的目标，全面推进依法治国战略。沁源贯彻落实国家实施纲要和省、市、县实施方案，围绕全县经济社会发展大局，建设各项制度，提高各项工作的依法行政水平，使得法治政府建设取得新进展、新成效，为全县经济社会转型发展提供了法治保障。在人力资源的维度，推进法治宣传教育，提升干部队伍法治素养，更深入推进依法行政，争创全国依法治国先进县。在权力和责任关系的维度，明确不同主体的责任与权力运行流程，坚持权责一致、权责匹配、追责有据，为建设法治政府提供最基本的前提保障。未来发展方向，就县级和乡镇基层的法治政府建设而言，在维护国家法治统一、坚持党委依法执政和政府依法行政的基础上，依法明确乡镇政府的权力和责任，切实加强基层政府的法制机构建设并充分发挥其职能，还要特别重视公务员的法治能力建设，驱动基层政府权力行使的规范化和法治化。

（三）政府职能的服务导向与服务供给

建设服务型政府，一方面是政府的基本公共服务供给。2017年国务院印发《"十三五"推进基本公共服务均等化规划》，成为现阶段政府履行公共服务均等化职责的重要依据。另一方面是政府在不同领域，包括民政、公安、户籍、工商等，积极开展有效的便民服务。这些服务供给与相应体制改革，都注重建设服务型政府。在坚持"发展是第一要义"的同时，政府必须切实加强公共服务职能。沁源不断提升和改善民生基本公共服务供给、优化资源配置,加大基本公共服务覆盖力度和标准,增加公共服务供给的财力保障。坚持以人民为中心的发展思想,不断增强人民群众获得感、幸福感、安全感。

1. 提升基本公共服务供给,实现公共服务资源优化配置

政府坚持服务导向,不断改善公共服务供给,把保障改善民生作为根本出发点和落脚点。建设服务型政府,全力提升和推进教育文化、医疗、社会保障等基本公共服务能力建设。习近平总书记强调:"人民对美好生活的向往就是我们的奋斗目标。"沁源县坚持把经济社会发展与回应人民需求和激发人民创造发展活力紧密结合起来,针对群众普遍关心的基本公共服务短板问题,找准切入点和落脚点,坚持民生的第一关切和以人民为中心的发展思想,加大财政投入力度,全面提高不同领域的公共服务水平和保障,真正让全县人民共享改革发展成果。

(1) 全面提升教育服务,促进教育优质均衡发展。为发展更加优质的基本教育服务,沁源县《国民经济和社会发展第十三个五年规划纲要 (2016—2020 年)》中提出,坚持以促进教育优质均衡发展为目标,着力提升县域教育教学综合水平。为此,沁源县在不同教育层次和领域,坚持问题导向、效果导向、目标导向,

不断提升教育质量和教育服务供给。

推进义务教育学校标准化建设和教育均衡发展。全面实施教育质量提升工程，2016年成功创建全国义务教育发展基本均衡县，被山西省教育厅确定为长治市唯一一家"义务教育学校标准化管理"改革试点县，即《义务教育学校管理标准（试行）》省级实验工作省级实验室，推动教育健康均衡发展。一是在硬件上，强化教育基础设施建设，包括校舍的新建与维修，互联网络全覆盖。二是在软件上，加强教师培训，提升教育专业能力。实施乡村教师的发展计划，加强业务能力的针对性培训，提升乡村教师专业水平。三是统筹城乡教师管理，优化教师校长的资源配置。实行学校联盟结对帮扶、挂钩考核制度。按照校长和教师交流政策以及两区人才支教计划，采取城乡互动、轮岗支教、兼职支教等多种形式，扶持乡村薄弱学校。与支教的教师签订《诚信支教协议》，严格考核，对考核不合格的教师实行召回制度。联盟校和教师支教制度的实施，打破了城乡分割、城优乡劣的教育不平衡现状，有效提升了乡村教师队伍整体素质和薄弱学校教育质量，促进了城乡教育均衡优质发展。沁源县还出台了《沁源县义务教育学校校级领导和教师交流轮岗工作实施方案》和《沁源县义务教育学校2017—2018学年申请交流教师推荐考核办法》，推进校长教师合理流动，包括县城教师下乡支教和乡村教师补充县城教师，促进了城乡师资的均衡配置。四是推进义务教育标准化学校建设方面，科学优化乡村义务教育学校布局。制定出台《沁源县教科局关于农村义务教育学校布局优化方案》，2017年撤并七所教学点，整合优化教育资源。促进教育均衡发展还有一个重要举措，即改革义务教育办学模式，扩充城镇义务教育学校学位，满足学生就近入学需求，同时有效解决县城学校大班额问题，以此促进教育质量提高。

建立广覆盖、保基本、有质量的学前教育服务体系。沁源完善学前教育服务体系和服务供给，健全和完善"政府主导、社会力量参与、公办民办并举"的办园体制，实施学前教育三年行动计划。发展有质量的普惠性学前教育，大力发展公办幼儿园，包括改扩建幼儿园，扩大学前教育资源。例如，2018年改扩建3所农村幼儿园，积极扶持民办幼儿园，包括建立公建民营的幼儿园，积极推进乡镇独立幼儿园建设；全县公办幼儿园和普惠性办园覆盖率95.7%，毛入园率达到98%。

总之，积极推进教育基本公共服务的均等化，以促进教育公平和均衡发展为核心，办好特色优质教育为目标，改善教育发展环境，优化教育结构，不断满足群众对各类优质教育资源的需求，让教育改革的红利更好地惠及沁源人民。

（2）不断改善医疗公共服务和公共卫生体系。改善城乡医疗卫生服务的供给。沁源县围绕着健全医疗和公共卫生体系的目标，着力提升健康沁源建设水平。基本建成覆盖城乡居民的医疗服务体系、医疗保障体系、医疗卫生监管体系，确保城乡居民普遍享有安全、有效、方便、价廉的医疗卫生服务。沁源县成为全省首批县乡医疗卫生机构一体化改革示范县。"推进县乡医疗机构一体化改革，完善医疗集团功能，强化基层卫生人才队伍建设；加大县级医疗机构与山西医大一院、长治市人民医院等省、市重点医疗机构的医联体建设力度，推动优质医疗资源向基层下沉，促进基本公共卫生服务均等化。"[1]

完善基本公共卫生服务体系，完善城乡居民健康档案并实施规范动态管理。科学优化卫生健康服务体系，也是为了稳固健康扶贫成果。加强卫生基础设施建设，2016年末全县共有医院、卫生院17个，妇幼保健机构1个，疾病预防控制中心（防疫站）1个。医疗卫生标准化建设和人才队伍建设上，完成县、乡、村三级医疗卫生服务网络。打通家庭医生签约服务的最后一公里，让更多百姓在家门口就能看得上病、看

---

[1]《绿色理念引领下的沁源转型实践》，《国家治理》周刊2019年7月29日。

得起病、看得好病。全县新型农村合作医疗覆盖率100%，在此基础上，实行城镇职工基本医疗保险、城镇居民医疗保险、新型农村合作医疗"三保合一"改革，启动跨省异地结算，城乡居民住院报销比例提高，县乡村三级医疗服务质量稳步提升。

（3）公共文化服务体系提档升级。沁源按照全县兴文尚旅的战略规划，加强公共文化服务更多更好地供给，成为全国文化先进县。公共文化服务体系不断健全，向着公共文化服务标准化、均等化不断发展。

公共文化基础设施的体系化以及扩大辐射面。沁源图书馆、文化馆和乡镇文化站免费开放，建设影剧院、文化中心、图书馆等文化设施，全县村级文化场所、村通广播电视、农家书屋实现全覆盖。沁源县共有艺术表演团6个，文化馆1个，公共图书馆1个，公共图书馆藏书量13.8万册，档案馆1个；全县电视台1座，电视综合人口覆盖率达到93%，全县有线电视用户达到3.5万户，其中数字信号用户1.22万户；沁源县共建成农民文化广场254个，群众舞台86个，乡镇文化站14个，农民书屋254个。

公共文化服务内容日益多样化和体系化。实施"文化惠民"和文化下乡工程，开展送戏、送电影、送图书下乡等"文化惠民"活动，持续巩固公共文化服务体系建设成果。加强文物保护利用和加大非物质文化遗产保护传承力度，让非物质文化遗产"活起来""火起来"。其中最具特色的是沁源实施的"乡村文化记忆工程"，重视乡土文化艺术人才、民间文化传承人、文化活动带头人队伍培养，鼓励创作群众喜闻乐见的优秀作品。支持民间文艺社团和协会发展，推动基本公共文化服务内容的体系化。

以公共文化服务网络促进公共文化提档升级。加强不同层次的公共文化设施建设，包括沁源县文化中心和文化馆、影剧院，增加了乡镇的乡村文化记忆展馆，同时按照国家标准提升基层文化室、文化广场，形成了县、乡、村三级的公共文化服务网络，使人民群众更加便捷地获得公共文化服务。加强文化阵地和基础设施建设，2018年全县建成42个标准基层综合性文化服务中心，建设图书馆、文化馆分馆，按照"村村有秧歌队和乡村文化记忆馆"的精神要求，已经建成了192个乡村文化记忆展览室，基本实现了村村有秧歌队。各乡镇结合开展文化艺术节，实施基层特色文化品牌建设，公共文化服务的内容体系化和网络化发展，为绿色沁源发展提供了精神支撑。

（4）社会保障领域的公共服务逐步提升。社会保障作为基本公共服务的一部分，沁源县在"十三五"规划期间，以健全社会保障制度为目标，着力提升县域富民惠民保障质量。坚持"全覆盖、保基本、多层次、可持续"方针，以增加公平性、适应流动性、保证可持续性为重点，健全覆盖城乡、人人享有、保障更好的社会保障体系。

城乡社保体系包括城镇企业职工基本养老保险、机关事业养老保险、城镇基本医疗保险、城乡居民社会养老保险、失业保险等。大力实施全民参保计划，完善城乡低保制度，着力提高养老、医疗、失业、工伤、生育保险待遇水平。建立城乡居民基本养老金合理调整机制，提高到龄人员基本养老金待遇。有效增加社会养老硬件基础设施数量，加强县老年养护院、乡镇养老院、农村老年人日间照料中心项目建设，提升养老基础设施供给水平，完善社会养老服务体系。提升社会救助体系方面，涉及最低生活保障救助、特困人员供养救助、受灾人员救助、医疗救助、教育救助、临时救助等救助类型的社会救助体系，保障困难群众基本生活。

2. 注重公共服务供给体制与方式改革

（1）为公共服务全面发展的财政保障供给。政府在各领域的基本公共服务供给与质量提升，离不开公共财政的重要保障。把保障和改善民生作为公共财政投入的优先方向，科学统筹财力，不断提高教育、医疗卫生、养老、社会救助等公共服务和社会保障的普惠化、均等化。

一方面，保障基本公共服务，更好地发挥地方财政制度在基本公共服务均等化当中的作用。沁源县近年来确保民生服务和保障的财政支出保持在一个较高水平。比如，民生支出占公共财政预算支出的比例保持在80%左右，2018年民生支出140836万元，2019年1—7月民生方面共计投入94405万元，同比增长4.77%。为确保基本公共服务覆盖全民、兜住底线和均等享受，使人民群众的获得感、幸福感、安全感更加充实、更有保障、更可持续，沁源县加大了对城乡基层、脱贫攻坚、民生保障等领域的投入力度，聚焦人民最关心、最直接、最现实的利益问题。公共服务质量的改善，提升了人民群众的获得感和幸福指数。

另一方面，引导和发挥社会资金的作用。"发挥财政政策对社会资金的牵引作用，引导社会资金更多投入农业农村基本公共服务领域。"[①] 包括改革财政投资方式，吸引更多社会资金提供农村公共服务，这也是乡村振兴的社会基础。

（2）公共服务供给体制要实现多元协同的发展。国家政策层面对公共服务的供给侧结构性改革提出要求，首先通过多种渠道拓宽公共服务的服务内容，提升供给能力；其次通过基础设施的不断完善和服务水

---

① 杨远根：《城乡基本公共服务均等化与乡村振兴研究》，《东岳论丛》2020年第3期。

平提升来增进公共服务水平;最后还要让公共服务受益者更多自由选择、更加满意。[①] 重要的是从主体与方式维度增加公共服务的多元化复合型供给。

提供公共服务的主体,关键是实现政府主体与其他社会主体的互补、协同与合作。政府在基本公共服务提供上居于主导地位和发挥引导性功能,并不等于政府大包大揽,也不是否定其他社会主体参与和介入。现阶段情况是多数公共服务仍由政府财政出资,所以实现多元主体提供公共服务,还有很大空间。公共服务供给的均衡发展,需要引导其他社会资本投入,增加公共服务供给渠道,弥补公共服务供给结构中的短板。

提供公共服务的方式,关键是运用更有效的方式确保供给与需求相衔接。目前各地方政府运用较多的购买公共服务方式,仍需要健全相关制度,包括购买公共服务涉及的各方主体之间的权责制度、奖惩激励机制、公共服务的监管与评估制度等。同时,要拓展其他多种供给公共服务的方式,满足不同群体对公共服务的不同层次需求。

(3)建立起基本公共服务供给的监督制度。为了确保公共服务的供给与人民群众对公共服务的需求相

[①] 杨宜勇:《公共服务体系的供给侧改革研究》,《学术前沿》2016年第3期。

对接，需要对公共服务提供过程和结果进行监督。"不仅要监督基本公共服务供给的过程，促使地方政府在公共服务供给中既加大投入又重视投入的效率与服务产出的质量。"[①] 促使更好的公共服务供需衔接，也要公众参与监督公共服务的供给，尤其是享用公共服务的群体应有监督与评价的发言权，把这种监督的结果与政府提供公共服务的激励与奖惩或问责机制连接配套。

3. 整体的便民服务平台发展和服务供给

政府坚持服务导向，不仅是更好地提供基本公共服务，而且还要为群众办事提供便捷的服务。政府提供的便民服务，也是确保县政府的服务改革在农村和社区最后一公里的实现，或者称为简政便民服务。

（1）基层便民服务中心的平台建设。党的十八大以来，沁源县政府经过调整、升级和改造，建成县级电子政务平台，实现覆盖县、乡、村三级的政务公开和政务服务。各乡镇完善乡镇便民服务中心、村（社区）便民代办点服务功能，推进乡镇政务公开与村（社区）务公开有机衔接。县政府信息中心、法制办、政务大厅等单位指导协调电子政务平台的运行维护和技术保障，梳理、规范政务公开和政务服务事项。

---

① 张紧跟：《治理视阈中的基本公共服务供给侧改革》，《探索》2018年第2期。

（2）大力提供"简证便民"服务。这一领域的服务与行政审批制度改革相关联。从行政审批等事项前置申请材料、年检事项、政府指定培训三个方面入手，沁源县政府持续减少"盖章、审核、备案、确认"等各种烦琐环节和手续，实行"宽进、快办、严管、便民、公开"的审批服务模式，不断清理各类涉及群众和企业的奇葩证明和烦琐手续。

（3）大力推进公安便民利民服务改革。为了治安防控体系建设，沁源县开通"沁源公安便民服务在线"，推行多警种联勤、户院联防、专群巡逻机制，严密防范和依法打击各类违法犯罪活动。公安部门认真落实山西省的《山西公安简化优化公共服务流程方便群众办事创业24条措施》，全面推出和落实便民利民新举措，涉及精简群众办事提供证明材料、简化优化群众办事程序、提供群众办事一站式综合服务方面，与上级做好对接，确保每项措施及时落实。派出所、户政、出入境、交警和消防等部门不断推出上门服务、预约服务等便民利民措施，切实解决办证难、办事难等突出问题，提高了为群众办实事、办好事的服务效率。近年来又利用互联网加大公安便民服务改革，不断增加网上便民项目，拓宽网络服务渠道，让数据多跑路，让群众少跑腿，不断提升人民群众满意度。公安部门全力打通服务群众最后一公里的改革，提供良好的社会服务环境。比如，户政部门全面放开人民政府驻地镇和其他建制镇落户限制，全面放开四类人员落户限制53人。加快综治中心的标准化建设，县综治中心和14个乡镇综治中心建设完成，村综治中心完成222个。相关职能部门进驻综治中心开展一站式办公，初步形成完善的便民服务体系。

（4）司法和公共法律领域便民服务。民生司法让群众有更多的获得感和安全感。在公共法律服务的实体平台建设上，沁源县率先建成县、乡镇、村居三级公共法律服务实体平台，引导公共法律服务向农村基层延伸，为村民提供"一门式办理""一站式服务"。全县14个乡镇搭建远程服务视频系统，实现及时发现、及时指导、同步培训、同步化解。比如，麻巷村依托新时代文明实践站创立了有特色的矛盾调处与心理咨询室，设置"1+5"平安专班，建成公共法律服务室，坚持做到小矛盾不出现、大问题不出村、矛盾不上交，形成村代表、老党员义务调解模式，还聘请专业律师，形成专业团队调解。为方便群众办事，郭道中心司法所设立了公共法律服务中心，积极开展免费法律咨询便民工程，2019年上半年，提供法律咨询325人次；在全镇25个行政村和2个社区设立了司法服务室，所有村全部设立法律服务明白墙、法律援助提示牌，向全镇部分群众发放了司法所便民服务卡，全镇已完成9个村、1个社区的法律服务工作室建设。为群众提供便捷的、贴心的法律服务。沁源县司法局在现有法律援助热线基础上，统筹整合各类公共法律服务资源，拓宽服务领域，提高法律服务的质量和水平。

政府在民生领域的基本公共服务供给和便民服务的提供，一方面是在坚持绿色发展战略之下，人民群众共享发展改革成果，获得不断改善的民生保障；另一方面，民生保障的获得，又为经济结构转型和更高质量的发展以及经济社会资源的协调发展提供坚实的社会基础。

三 资源型地区的绿色经济转型

"绿水青山就是金山银山"的理念是新时代中国绿色经济转型，实现经济社会发展和生态环境保护协同共进的战略思维。长期以来，资源型地区粗放的经济发展模式带来了环境污染和生态破坏，成为阻碍地区经济发展的结构性矛盾。党的十九大以来，沁源县深入践行"两山"理论，把握新时代绿色发展的总体要求，确立了"绿色立县、建设美丽沁源"的县域发展战略，将绿色发展融入经济社会发展全过程。沁源坚持以能源供给侧结构性改革为主线，大力发展开放型经济、绿色生态经济、循环经济，推动传统农业经济和单一资源经济转型，促进非公经济加快发展，开启了资源型地区产业转型和高质量发展的探索，对我国县域经济发展和生态文明建设具有示范意义。

(一)"绿色立县":县域经济社会可持续发展框架

沁源县有优越的自然资源禀赋。全县森林面积220万亩、天然牧坡120万亩,森林覆盖率接近60%。境内有沁河、汾河两大水系,年均径流量2.6亿立方米,是山西相对富水区。矿产资源丰富,已发现储量较大的有煤、铁、铝矾土等18种矿产资源,煤炭预测总储量128亿吨,累计探明储量60.25亿吨。全县野生植物种类有965种,道地中药材资源有653种,享有"北药之首"美誉。

沁源县地域广阔,现辖5镇9乡254个行政村,总人口16万,其中农业人口12万。全县农业人口约占总人口的80%。人口居住分散于沟川,交通闭塞。随着城镇化建设的发展,撤乡并镇,资源集中,大多居住偏远、人口稀疏的村庄不断向中心村镇迁移整合。

1. 县域经济地理特征与产业结构

沁源县产业结构呈现出煤炭资源型经济体的典型特征,三次产业发展很不平衡。其中第二产业增加值约占GDP总量的2/3,第一产业和第三产业在GDP总量中的比例明显低于同期山西省和全国的平均水平,如图3-1、图3-2、图3-3所示。

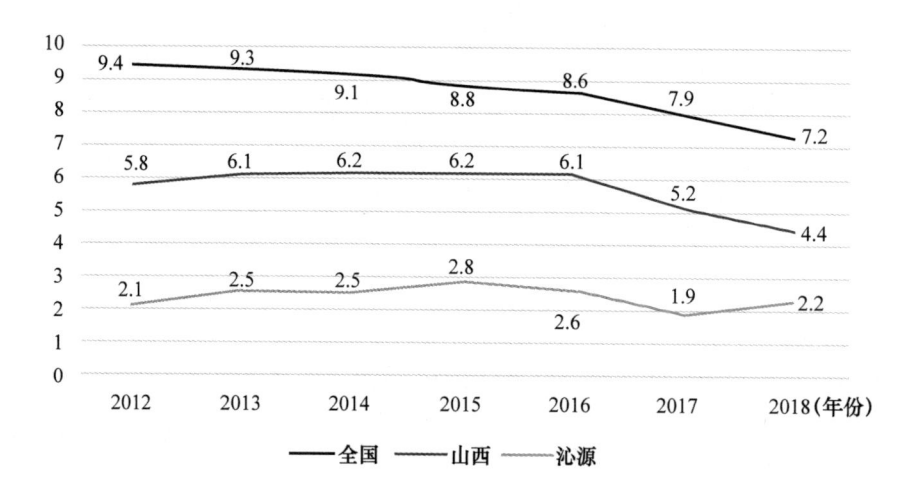

图 3-1　2012—2018 年第一产业增加值占生产总值的比重（%）

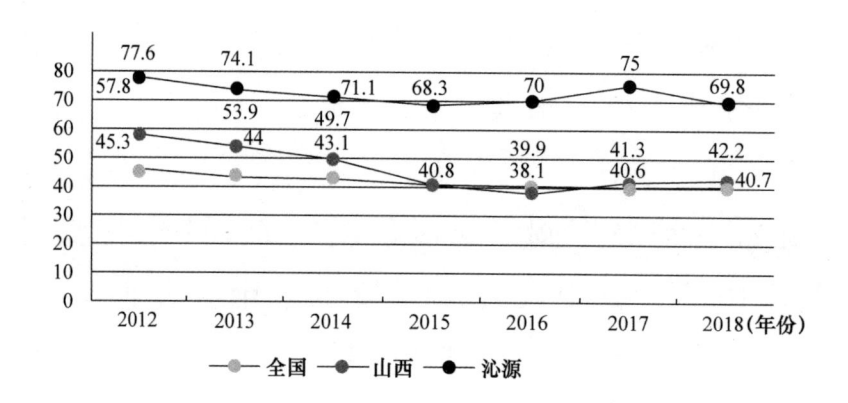

图 3-2　2012—2018 年第二产业增加值占生产总值的比重（%）

在农业方面，全县仍然以传统的农业经济为主。县域范围内主要栽培农作物品种有玉米、马铃薯、莜麦、荞麦、豆类、黍子、谷子、设施蔬菜、食用菌等。耕地总量并不多，基本农田 27 万亩。农业发展存在的问题主要是：第一，农产品加工业薄弱。长期处于销售原料状态，农产品加工转化较低，农产品附加值较

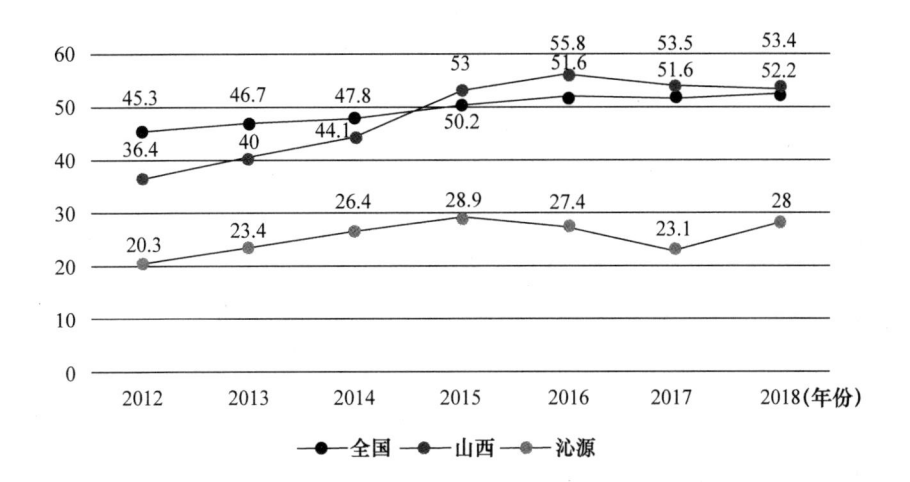

图3-3 2012—2018年第三产业增加值占生产总值的比重（%）

低。随着农业供给侧结构性改革，沁源县一些乡镇开展了流转土地种植观赏型和经济作物的种植和加工产业。近年来，全县农作物播种呈现粮食作物播种面积减少，经济类作物播种面积增加的趋势。第二，农产品品牌建设发展缓慢。小米、马铃薯、中药材、食用菌、黑山羊肉等，尚未形成规模种植、养殖，品牌知名度不高。第三，农业科技投入不足，科技转化率不高。现代化农业技术人才欠缺，阻碍了农业现代化的发展。

在工业方面，长久以来，煤炭产业在沁源的经济发展中一直占据着主导地位。县域经济增长和财政收入高度依赖于资源产业，属于典型的"一煤独大"产业格局。沁源是全国重点产煤县和全省主焦煤基地县，全县30座煤矿，产能3520万吨。从近年来全县规模以上工业运行情况看，以煤炭为主的工业增加值占全县工业比重达到了80%以上。一方面，产业结构单一，非煤产业发展严重不足，战略性新兴产业占比较低，高新技术产业还是空白。这导致"一煤独大"的县域工业经济抗风险能力较弱，饱受煤炭行情波动的影响，科技创新对经济发展拉动作用不足。[①] 另一方面，煤炭资源升级改造优化不够，利用率不高，煤炭产品附加值不高。煤炭企业习惯了以资源开采、粗放型经济为主的业态模式，尚未形成布局合理、技术先进的煤化工产业链条。以往煤矿企业以及其他矿山开采企业粗放的生产经营方式还为当地带来了严重的大气、水、土壤和固废污染。全县因采煤造成了土地资源破坏，一些采空区地表沉陷，多个村庄因房屋裂缝而搬迁。粗放的经济发展模式破坏了县域生态环境，侵蚀了人居和发展的生态空间。发展绿色经济和生态经济，成为化解县域生态压力，发挥生态资源优势、加快转变地区经济发展方式、提高发展质量和效益的紧迫要求。

2. 县域发展战略的规划与实施

由于粗放式发展，资源型地区普遍都存在产业结构单一、生态环境恶化和资源枯竭风险等经济社会问

[①] 《新时代县域绿色转型的思考与体会——访中共沁源县委书记金所军》，《国家治理》2019年第26期。

题。2017年9月，国务院颁布了《国务院关于支持山西省进一步深化改革　促进资源型经济转型发展的意见》，将山西省作为国家资源型经济转型综合配套改革试验区，突出生态优先，聚焦产业转型，探索转型升级、创新驱动发展的制度性经验。在国家宏观战略之下，山西省颁布了以改革促转型的行动计划，将6大领域、74项任务、235条推进举措一一分解到具体部门。产业结构调整的思路需要结合一地地理区位、自然资源、经济社会要素禀赋实际情况。沁源县的经济结构，既具有产业单一的弊端，也蕴含新经济增长的资源优势。近年来，沁源县不断激发市场活力，培育经济增长的新动能和战略性支柱产业，是我国宏观经济调整背景下地方政府治理转型的缩影，是中央、省、市精神的"沁源版"。以下通过沁源县委、县政府在经济转型中的治理理念和实践，来阐述在经济转型和发展中，地方政府治理的变革与现代化探索。

（1）"绿色立县，建设美丽沁源"的总体战略

沁源县立足生态优势，把绿色作为统揽全县经济社会发展的总基调，将绿色发展融入经济社会发展全过程，将生态资源优势转化为沁源可持续发展的竞争优势。[①]"绿色立县，建设美丽沁源"的战略，具体在

[①]《绿色理念引领下的沁源转型实践》，《国家治理》周刊2019年第26期。

发展理念、发展模式和发展道路上，表现为以绿色发展为根本原则，构建低投入、高产出，低消耗、少排放，能循环、可持续的现代经济体系。地方政府在推动经济转型战略实施过程中，坚持"人、自然、社会和谐统一""因地制宜、彰显特色""规划的战略性和可操作性"原则，通过深入的调查研究、智库咨询，出台多项改革方案和配套举措。

对于县域转型发展战略和路径的提出，沁源县委书记如此总结：

> 2018年初，县委审时度势、着眼长远，以建设"绿色沁源、康养沁源、文化沁源、幸福沁源、美丽沁源"为目标，提出了"绿色立县，建设美丽沁源"发展战略，并围绕这一发展战略，确定了"转型、增绿、开放、强基、富民"五大发展思路，以及"修路、种树、治水、兴文、尚旅"五条发展路径。
>
> 五大发展思路中，转型，就是按照中央、省委、市委要求，大力推进能源革命，彻底摘掉"煤老大"的帽子；增绿，就是按照"山上造林、山下绿化、逐年递增"的思路，启动大规模绿化、大范围绿化、大面积绿化行动，进一步扩大生态优势，不断做足、做实、做大"增绿"文章；开

放，就是全面强化谋开放的意识，全面提升抓开放的能力，全面拿出促开放的行动，构建更大范围、更宽领域、更高层次的对外开放新格局；强基，就是下大力气强基固本，狠抓交通、水利、电力、通信等基础设施建设，推进教育、医疗、就业、文化、社会保障等基本公共服务能力建设，加强基层组织、基础工作、基本能力"三基建设"，扎扎实实打好推动经济社会发展的根基；富民，就是进一步巩固脱贫成果，加快实施乡村振兴战略，进一步加快产业兴旺、精神文化、社会建设等全方位发展步伐，推动民生福祉全面升级，真正实现16万人民的整体富裕。

五条发展路径中，修路，就是实施国省道新框架工程，实施旅游新干线工程，实施循环新网络工程，实施四好农村路工程，突破绿色发展瓶颈；种树，就是实现全域种树，实现四季见绿，实现处处见景，实现满目生机，增添绿色发展底色；治水，就是防洪水，保供水，抓节水，护源水，用活水，强管水，激活绿色发展灵气；兴文，就是不断弘扬、传承、挖掘、巩固我县的特色文化，弘扬先进文化，传承红色文化，挖掘历史文化，保护民俗文化，丰富群众文化，发展文化产业，提升绿色发展品位；尚旅，就是大力实施康养产业项目，着力构建全域旅游格局，加强旅游要素提升，推进旅游机制创新，加快旅游产品开发，做活绿色发展文章。①

（2）"绿色立县"战略的目标层次

"绿色立县，建立美丽沁源"总体战略所要解决的核心问题是经济发展模式的价值选择，是对经济发展的长远规划，是地方政府治理自身使命的陈述。绿色立县战略，在战略实施和战术层面上分解出"转型、增绿、开放、强基、富民"五个方面的战略执行框架，目标是增强地方经济的可持续性和区域竞争能力。下面是沁源县对总体战略目标分解的系列阐述和举措。

①转型

"转型"位列战略实施框架的首要地位，主要是指产业结构的调整，扭转资源依赖的发展模式，增强区域经济抗风险能力。

第一，工业经济转型。在传统产业方面，对高污染、高耗能、高排放、破坏生态严重的项目实行零审批、零引进，尤其是对铝土矿的开采，以壮士断腕的决心坚决停止；科学布局煤炭下游和关联产业，提升煤化工产品附加值，延伸焦化产业链条，力争形成

---

① 《新时代县域绿色转型的思考与体会——访中共沁源县委书记金所军》，《国家治理》周刊2019年第26期。

"煤—焦—电—化—气"循环产业链。在新兴产业方面，一是升级先进装备制造产业，传统冶金铸造转型升级，积极引进高铁部件铸造技术，对接精密铸造市场需求。二是发展新能源新材料产业，包括风力发电、光伏发电、瓦斯发电、生物质发电、页岩气、锂离子电池负极材料等新能源新材料项目建设。三是培育生物医药产业，发展中药材种植龙头企业，连翘、党参、柴胡等道地中药材资源的产业化和加工产业链，引进生物医药制造企业。四是发展食品加工产业。依托脱毒马铃薯、小杂粮、肉驴、黑山羊，以及利用沙棘、酸枣、山梨等丰富的野生资源优势，培育发展食品加工产业，开展高附加值食品的深加工。

第二，传统农业经济转型。构建科学化、特色化、规模化、产业化的现代农业产业体系、生产体系、经营体系，实现质量兴农、绿色兴农，由增产导向转向提质导向。聘请中国农业大学编制完成《沁源县农业绿色发展规划》，发展壮大脱毒马铃薯、草莓、小杂粮、食用菌、中药材、黑山羊、肉驴等特色种养业，实施农业面源污染治理，打造无公害、绿色、有机种植基地。注册具有沁源特色的农产品品牌，提高沁源农业产品知名度，不断满足城乡居民消费升级需求。

第三，现代服务业的转型发展。一是生态文化旅游业。以"绿色生态、休闲康养、历史人文、红色记忆"四大特色，策划精品旅游线路和产品，把文化旅游产业作为推动县域经济转型发展的新引擎。二是现代物流业。规划建设一批布局合理、产业集聚、功能完善的现代专业物流园和批发市场，以"乐村淘"等电商平台为基础，推动电商网点、物流服务向乡村延伸。三是信息服务业。建成面向政务、金融、电信、医疗、教育、交通、电力等行业的统一规范的技术服务信息库。四是升级改造传统服务业。对餐饮住宿、交通运输、商贸物流等传统服务业升级改造，培育和发展连锁经营、物流配送、电子商务、网上交易等新型业态，提升农业生产资料、农副产品经营、日用消费品服务网络。五是统筹推进新型服务业，鼓励企业主动对接高等院校、科研院所，实现校企合作，产学研融合。

②增绿

"增绿"是指在生态资源优势基础之上，保护修复资源开采造成的植被破坏，将国土绿化行动与生态经济、林下经济发展融合，着力亚高山草原、生态湿地等本地特色生态经济的开发保护，以及大气、水体和土壤污染防治。

第一，县域林网建设。以全县境内省、县、乡道路为主线，沿线村庄、企业为关键节点，加大荒山绿化、河道滩涂生态绿化，探索购买式造林、碳汇造林办法，形成农田林网、水系林网、通道林网和环村环企林带"三网一环"，逐步提高森林覆盖率，进一步扩大生态优势。

第二，区域生态特色资源的开发保护。一是原生态草地治理改造。重点做好花坡亚高山草原的草场保护、治理改造，加快草原自然生态恢复。二是修复沁河湿地水草景观，种植蒲草、芦苇、睡莲、荷花等湿地植物，不断扩大水域面积和湿地面积，形成水草丰茂、水流清澈、水鸟嬉戏的生态河流。三是林草、林药与牧草、花草的复合发展，按照宜林则林、宜草则草的原则，探索林草、林药种植模式，牧草资源培育，通过人工种草、改良牧草，促进生态和养殖协调发展；推广景观树木增绿、园林花草、野生花草的多层次生态景观与生态经济。

③开放

"开放"既是经济发展的新形态，也是针对资源型地区思维惯性的观念变革，用改革思维、创新思维、开放思维来引入外部资本、技术、企业和高新技术人才，推动区域经济转型升级，发展更高层次的开放型经济。第一，在产业发展方面，围绕新型产业、装备制造、新能源、新材料、现代物流、文化旅游、生物制药等重点领域，提升县域招商引资引智水平。第二，在政府治理方面，搭台引智，招商方向调整为以智力为主、以技术为主，深化"放管服效"改革，打造营商环境和服务创新新高地。第三，畅通对外开放的渠道，通过县乡村道、高速公路和通用机场形成立体交通网络体系，"走出去，请进来"，与高端智库合作，借助文化体育赛事，进行文旅宣介，拓展对外交流。

④强基

"强基"是指地方政府治理重心下沉基层建设，以加强基层党的建设作为主线，开展基层社会基础建设，带动农村经济发展，巩固脱贫攻坚成果。

第一，"基层组织、基础工作、基本能力"建设。下沉资源、优秀年轻干部到基层一线挂职锻炼，加强村级活动场所和干部生活保障设施建设，把基层组织建设成为宣传党的主张、贯彻党的决定、领导基层治理、团结动员群众、推动改革发展的坚强战斗堡垒。基层党建践行"三步四循环"工作方法，由基层党组织经调查走访、征询、会议程序，以问题为导向，主动发现基础设施建设、产业发展、土地征用、"两委"班子建设等各类村务发展议题，推动农村产业发展和基础设施的完善。

第二，区域基础设施建设。最为突出的举措是，结合地方经济发展的交通瓶颈和需求，构建外联内环交通大格局。以"两高两环两改造"建设为基础，提升公路技术等级和通达深度，包括高速公路、铁路、县域国省干线公路改造和"四好农村路"规划与建设，特别是花坡、沁河源旅游公路规划建设，进一步优化路网结构，实施旅游新干线工程。

第三，河流生态修复与农村饮水安全工程。县域河道综合治理，保持河道清淤、清障、疏浚常态化。实施农村饮水安全提质增效工程，延伸县城自来水管网，新建农村饮水供水工程，不断提高自来水普及率、水质达标率和供水保证率，让人民群众喝上干净水。

⑤富民

"富民"是坚持以人民为中心，满足人民对美好生活的向往，持续提高城乡居民收入水平，完善公共服务和社会保障，增进人民福祉。

第一，发展富民乡村产业。实施产业兴村强县行动，按照"一村一品"，加快培育农产品品牌，积极申报地理标志农产品，发展特色的乡村手工业；加快发展现代高效林业，实施兴林富民行动，推进森林生态标志产品建设工程；大力发展乡村文化旅游，发掘地域文化和红色文化，文旅融合发展，打造生态旅游产业集群，建设红色旅游和革命传统教育基地、特色古城村落和小镇，以旅游产业带动增加农民收入。在脱贫成效巩固上，按照《沁源县脱贫成效巩固提升2018—2020三年规划》《2018年行动计划》《沁源县推进农业产业扶贫实施方案》，坚持脱贫摘帽不摘责任、不摘政策、不摘帮扶、不摘监管、不摘标准"五不摘",继续推进分战区作战、分片区竞赛,不断拓展产业扶贫、就业扶贫、健康扶贫等政策覆盖面,巩固脱贫成果。

第二,新时代农村精神文明建设。以社会主义核心价值观为引领,满足群众多样化的精神文化需求。利用村规民约、村民"四会"组织引领文明乡风,调处基层社会矛盾。在全县新时代文明实践所(站)实施"十个一"工程,即每个所(站)至少建设一个乡村记忆馆(村史馆),打造一个革命教育基地,建成一个文化礼堂(文化活动室、农家书屋),成立一个新乡贤工作室,创办一所农民讲习所,打造一组文化墙,组建一支秧歌队,培育一个网红,编撰一本乡村志,创作整理一部民间故事集。

第三,农村人居环境改善工程。坚持"因地制宜,保护、保留乡村风貌"原则,编制完成《沁源县农村人居环境整治三年行动计划》,利用三年时间大力实施垃圾治理、污水处理、厕所革命、村容村貌提升工程,创造更加美好的人居环境。

3."绿色立县"战略的执行与实施

在战略的执行层面,沁源县委和县政府根据经济发展问题的迫切程度和需求层次确定了"修路、种树、治水、兴文、尚旅"五条发展路径。这五条发展路径是新发展理念和五大发展思路的"落脚点",言简意赅地指出了沁源百姓最迫切的需要。通过修路,努力改善道路交通设施条件,打造外联内畅的交通网络大格局;通过大规模、大范围、大面积种树,守好青山绿水,构筑绿色屏障;充分利用好"沁河源头"这块金字招牌,按照习近平总书记对水利工作提出的"节水优先、空间均衡、系统治理、两手发力"十六字方针,大力实施防洪水、保供水、护源水、抓节水、用活水、强管水"六水共治",实现水清、堤固、岸绿、景美;把振兴文化作为沁源新时代新征程的战略重点,不断挖掘、巩固、传承、弘扬特色文化,使之成为建设绿色沁源的强大精神力量;坚持以全域旅游为主线,科学整合文化旅游资源,真正将文化旅游业培育成经济转型升级的新兴大舞台、群众稳定脱贫的重要增长极以及绿色沁源建设的战略性支柱产业。[1]

交通和文旅是地区产业转型发展的两个抓手。交通既关乎经济发展的通道,也关乎百姓生活生产的便利。"修路"打通了沟川之间地理屏障,也是地区经济向外开放以及社会观念转变的始点。沟川生态经济与文化旅游的发展正是沿着交通路线图不断开拓于太岳山川之外,成为经济外向发展的路径。沁源在县域

---

[1] 《绿色理念引领下的沁源转型实践》,《国家治理》周刊2019年第26期。

交通干线、支线、路网循环以及文化旅游项目规划的重大举措中，不仅展现了地方治理的规划发展能力和科学性，还展现了地域党政领导者和基层干部的实干精神。

沁源依照绿色立县、交通强县方略，把突破交通瓶颈、补齐设施短板作为"五大发展思路"和"五条发展路径"的首要任务来抓，按照"内通外联、通村畅乡、班车到村、安全便捷"的总要求，编制了沁源县综合交通运输规划，按照建管养运"四位一体"的要求，加大农村公路建设的力度，助力脱贫攻坚和乡村振兴，农村公路建设有了长足发展，群众出行条件得到较大改善。2018年共完成干线公路、旅游公路、农村公路216公里，完成投资3.42亿元，其中干线公路投资6400万元，旅游公路投资6800万元，农村公路投资2.1亿元，100%的行政村通上了沥青路和水泥路，行政村通客车率达到了98%，全县公路通车总里程达938.48公里。花坡景区周边的旅游公路全部连通，北部大循环网络全部贯通，形成了开放、转型发展的交通支撑。

随着交通网络的建设和完善，"兴文""尚旅"项目的建设也取得成效。《沁源县国际慢城概念规划》的东山慢道、城南湿地公园项目、太岳军区司令部旧址红色旅游基础设施项目主体工程、景凤乡社科村生态农庄项目、交口乡信义村的蓝天观光旅游项目、灵空山五龙川片区乡村旅游综合开发项目、王陶乡花坡片区乡村旅游综合开发项目，目前均已完成工程总量的40%。全县一批小型田园综合体旅游项目正在开工建设中。2018年全县新增农家乐40余个、民宿30余家。沁源县第五次跻身"全国百佳深呼吸小城"行列；荣获"第四批全国森林康养基地建设示范县""全国森林旅游示范县"及"人民喜爱的生态旅游目的地"称号。此外，还举办了全国主流媒体采风活动、全国无人机航拍大赛、"平遥国际电影展"沁源影视拍摄基地推荐活动、全国自驾游俱乐部走进沁源暨自驾游路线发布会等影响力较大的各种文化旅游宣传活动。这些活动的举办不仅使沁源山水花坡的生态资源展示出来，更展现了地域风土人情和文化特点。

沁源通过供给侧与需求侧同时发力，在以供给侧结构性改革推动体制机制调整、经济结构优化，为城乡居民提供更高质量产品和服务的同时，主动挖掘和培育激发当地居民群众精神文化层面的潜在需求，动态对接新的供给与新的需求，把改善供给结构作为主攻方向，实现由低水平供需平衡向高水平供需平衡的跃升，为经济高质量发展提供强大的内在动力。①

---

① 《绿色理念引领下的沁源转型实践》，《国家治理》周刊2019年第26期。

（二）经济转型中的政府治理

区域产业经济政策的调整意味着地方政府治理结构的变革。这些变化集中反映在政府支出与收入结构、政府规制、公共服务供给等多方面的政府经济行为上。一县之内，地方党政系统在经济转型中以主导性的地位，动员全县资源，出台产业转型和扶持政策，通过市场机制、政府补贴，撬动社会资本、吸引外部技术和人才，着力提升地方政府治理的能力。

党的十八届三中全会提出，在全面深化改革中要强调市场在资源配置中的决定性作用。这意味着市场和政府的作用将重新定位、政府与市场的边界将更加清晰。"放管服"改革是全面深化改革的重要内容。"简政放权、放管结合、优化服务"是新的经济发展条件下激发市场活力的重大行政制度改革。这项改革要求最大限度地减少政府对市场资源的直接配置和市场活动的直接干预，创新和完善事中事后监管，提高政府服务效能。"放管服"改革并不意味着政府干预和政府规制的退出。资源型地区经济转型，是地方政府基于对经济、社会和民众各方面利益的平衡，基于对社会风险前瞻性而做出的主动性战略调整。仅从市场规律而言，高耗能、高污染、低附加值的粗放型企业发展仍可以维系短期的经济效益。单纯依靠市场机制不能改变企业短期的经济行为。粗放发展的经济体对社会和公众造成了负外部性。这使得政府基于公共利益和公共产品供给的需求,采用干预经济的政策。总体上,沁源县在产业结构的调整中直接干预和间接干预经济的措施兼而有之。

1. 政府对产业转型的直接干预

市场失灵是政府干预的直接原因和出发点。从市场负外部性溢出以及地区公共产品供给的角度,地方政府对高耗能、高污染、低附加值的资源开采等产业进行行政干预,主要是强制性的政府规制手段,直接影响各产业部门和企业。除了政府监管和环保规制等措施,地方政府还通过直接投资以及其他手段来扶持农村集体经济和培育新兴产业,提升其在经济结构中的比重。

沁源县在落后产能的退出和工业污染治理方面采用了较为刚性的政府规制手段。在过剩产能退出方面,根据国家、省、市、县各级政府"煤炭行业供给侧结构性改革"的要求,沁源县地宝煤业、梅园嘉元煤业在2018年底前有序引导关闭退出,退出产能60万吨/年,并进行产能置换交易。山西潞安华亿五一煤业有限公司(以下简称五一煤业)减量重组小南村煤业,退出产能30万吨/年。在工业污染治理方面,沁源县成立联合执法办公室,扎实开展"铁腕斩污"。2017—

2018年，对43家企业进行断电停产整治，拆除取缔"散乱污"企业27家，先后司法移送案件6起，行政拘留7人，问责5人。建设工业企业全封闭煤料棚54座，完成超低排放改造、煤改气、煤改电企业39家。对高污染、高耗能、高排放、破坏生态环境的项目实行零审批、零引进，坚决叫停铝土矿开采等一批影响生态环境的项目，对私挖滥采露头就打，取缔和监管采石场，以环保倒逼产业转型发展。

在农村集体经济发展和扶贫方面，沁源县委和县政府也采用了偏行政化的干预手段，向乡村下沉政策资源和帮扶干部，拓展企业扶贫的组织网络，以政党的组织渠道吸引返乡参与农村建设的致富能手，培育基层治理的后备力量。在扶持壮大村级集体经济、发展现代农业方面，沁源县以开展新时代绿色沁源"基层党建深耕年"活动为重点，以党建引领为根本，统筹各种资源，多方发力，促进农村集体经济发展壮大。第一，开展"沁才回巢"，"人才+项目"带动发展。沁源县积极引导村里能人、返乡创业人员领办创办农民合作社和家庭农场156家。建设"沁才回巢"服务站，吸引48名"沁才"回乡创业，成立了张慧斌合欢本草谷康养中心、小玲养殖合作社等带动村集体经济发展的典范。全县254个行政村均成立股份经济合作社，规范"三资"管理，盘活集体资源，并打造20个乡村振兴示范村，100个重点村，每个示范村奖励200万元，以奖代补，调整产业，促进村集体经济转型发展。第二，干部帮扶、引资上项、"百企帮百村"、村企共建。全县115个单位帮扶254个行政村，派出242个队长、142名第一书记，落实政策，引进资金和项目，形成了龙头村、箭杆村等帮扶模式，联手发展农村集体经济；实施"百企帮百村，消除薄弱村"，14个公司27个煤矿对接经济薄弱村，村企优势互补，共促共建，撬动村集体经济发展。① 全县109个经济空壳村2017年底全部收入破零，集体经济收入均达到3万元以上。县内沁新、通洲、马军峪、黄土坡、汾西太岳、长沁煤焦、凤凰台煤业等26个煤炭企业累计投资1176.71万元，主要用于村级扶持产业发展、建设基础设施、整治村容村貌等。②

在扶贫方面，推行战区制作战，严格落实"五帮联动""两包三到"工作机制，县处级领导包联乡镇，县直单位包联乡村，驻村帮扶工作队、第一书记驻村帮扶。统筹"三支队伍"帮扶力量，247名乡镇包村干部、242名驻村工作队长、142名第一书记驻村帮扶，下沉基层治理单元。2018年，全县实施资产收益

---

① 《沁源县抓党建夯基础不断壮大农村集体经济》，https：//www.sohu.com/a/338094905_120207543。
② 邓焕彦：《脱贫攻坚的沁源路径》，http：//www.rmlt.com.cn/2018/1022/530963.shtml。

扶贫项目资金 1651 万元，涉及 68 个实施主体（合作社 22 家，企业 44 家，家庭农场 2 家），涉及建档立卡贫困户 1001 户 2468 人，受益村数 119 个，带动贫困户年收益 99.06 万元。全县以脱毒马铃薯一级种薯繁育，松蘑、双孢菇和羊肚菌等食用菌培育，草莓和高山蔬菜等果蔬种植，道地中药材种植，牛羊驴健康养殖，豆制品、粉制品等农副产品加工"六大板块"生态农业发展为重点，采取"公司（合作社）+基地+农户"的扶贫经营模式，通过股份合作、订单帮扶、生产托管、吸纳就业等途径，实现了全县贫困群众利益联结机制全覆盖，带动农户自主发展产业 118 个，户均增收 5000 元以上。在企业扶贫方面，充分利用县域煤焦企业较多优势，全县十大煤焦主体企业，20 多家民营企业参与结对帮扶 1500 多个贫困户，20 名民营企业家担任结对帮扶贫困村名誉村主任。县工商联率民营企业、行业商会赴贫困户搞对接、诊贫根，实施签约结对、村企共建等结对帮扶活动。目前，共组织民营企业到结对帮扶村开展结对帮扶 3800 余次，制定帮扶措施 4600 余条。[①]

2. 政府对产业转型的间接干预

政府职能转变要求减少政府对微观经济活动的直

---

① 杨玉才：《沁源县委统战部推进"百企帮百村"行动聚力脱贫攻坚》，http://cz.sxgov.cn/content/2017-09/19/content_8289667.htm。

接干预，使市场在资源配置中起决定性作用。新兴产业的发展和社会资本流动需要遵循市场机制的一般规律。对于市场主体尚未发育成熟的新兴产业，政府一般会采用财政补贴、投资规划等手段进行较高程度的干预引导，促进新兴产业的发展。在推动高新技术产业和文化旅游产业发展过程中，沁源县委、县政府更多地运用了财税政策、金融政策、价格政策，通过政府税费优惠和补贴引导企业投资方向，扶持绿色产业和企业集团的发展。此外，还通过产权制度安排，对全县国有（集体）企业进行市场化改革，以优势企业为龙头，以资产为纽带，采取收购、兼并、参股、控股、资产授权、联合协作等方式，组建、发展企业集团和连锁经营，积极推广PPP等合作模式，进一步扩大金融、教育、医疗、养老、保障性住房等领域的市场资金规模，激发出经济内生动力和市场主体活力。[①]

沁源县针对产业转型发展的财税、金融政策，主要包括：（1）鼓励金融机构设立绿色金融专营机构，大力开展绿色金融业务。健全绿色信贷体系严格执行信贷项目的环保审查制度，建立绿色信贷政策评估体系和奖惩机制，优化信贷结构，加大环保、节能、清洁能源、绿色交通、绿色建筑等领域的项目信贷投放

[①] 《新时代县域高质量发展的沁源探索》，人民论坛网（http://www.rmlt.com.cn/2019/0718/552212.shtml），2019年7月18日。

力度。2018年政府出资1000万元，设立风险补偿金，引入保险管控风险，鼓励银行简化贷款审批流程，降低贷款门槛，撬动银行放大10倍贷款，为脱贫巩固提升提供了有力的金融支持。（2）试点建立"以奖代补、以补代投"激励机制，充分发挥财政资金撬动作用，吸引社会资金投入，大规模开展高标准农田建设。（3）探索建立能源清洁高效利用综合补偿机制，支持新兴能源产业及相关产业发展和生态修复。落实固废利用产品税收优惠政策，调动全县煤炭企业加大建设煤矸石、煤灰粉等固体废弃物综合利用项目的积极性，提高固废利用率。（4）完善政府文化资助和文化采购机制，对有一定知名度的文化企业优先纳入县文化旅游专项扶持资金，新建建设用地指标合理、适当向重点文化旅游产业倾斜。重点建设一批文化产业园区和旅游度假区，从基础设施建设、土地使用、财税政策、招商引资、人才奖补等多方面给予支持；开发一批特色民宿，对授牌民宿给予改造奖补、经营补助、贴息扶持。对于文化企业的文化艺术精品给予补助，对民营资本兴办小剧场文艺演出按照演出场次给予补贴，用以支持开展低价票惠民演出。

在国企改革方面，全县成立沁源投资集团有限公司和沁源县国有资本运营有限公司，提高了国有资本配置和运营效率。清理僵尸企业，通过整合重组、创新发展、搬迁改造、关闭破产、脱钩改革、促进国有资本向战略性关键领域、先进制造业、现代服务业和新兴产业集聚。结合文旅经济的发展需求，沁源县推动国有文化企业改革，做大、做强一批核心竞争力强的国有或国有参控股综合性文化旅游企业；推动市场化运作模式，进一步改革景区景点体制机制，实现管理权和经营权分离，让企业成为旅游业激烈竞争的市场主体，鼓励各种社会和民间资本依法参与旅游建设和开发。

在民营经济发展方面，开辟民营企业审批绿色通道，推进"六最"营商环境建设，解决民营企业用地用房问题。支持民营企业转型升级的举措包括：对符合新兴产业七大板块的"个转企"和新创办企业，当年纳入"小升规"的工业企业，被认定为"专精特新"、"四新"企业、"小巨人"的企业，奖励5万—20万元。对符合新兴产业规划的民营企业，贷款购买生产线设备在百万元以上的，政府予以贴息。政府对企业建立创新创业平台进行奖补。

针对中小企业的服务，包括组织《中小企业促进法》宣讲会，举办"民营企业管理人员素质提升培训班"，开展"送专家、送政策、送服务、法律进企业"活动，通过不定期下乡摸底，对发展条件成熟、发展意愿强烈的企业提出发展规划建议，及时向相关企业宣传国家、省、市在品牌建设、创业创新、人才培养、融资上市等方面的优惠政策，使企业理清思路、找准定位、明确方向。

除了行政规制、公共投资以及财税、土地政策等直接和间接干预经济转型的治理手段之外，地方党政系统还通过组织协调以及制度化手段，协调企业的经营行为，服务经济发展。在组织协调机制上，沁源县建立了领导干部联系民营企业机制，实行"1235"工作法，即1名县处级领导干部联系2个民营企业，每季度入企调研走访不少于3次，每年为企业解决问题不少于5件。探索村企党组织互动融合机制，建立村企联合党支部，以企带村、企帮村富，整合企业发展急需的人、财、物资源，将基层党建与生产发展融合。企业发挥资金、管理和技术优势，积极参与集体经济发展和农村剩余劳动力就业等；农村基层党组织充分利用组织渠道，协调为企业解决用地、用水、用电、用工等问题，落实优惠政策，调解利益冲突和纠纷。

（三）市场化改革与政府职能转变

随着生态文明建设的推进，绿色发展已经成为衡量地方政府治理能力的重要标准。从沁源实践可以看到，一方面，地方政府依据经济发展的需求不断革新，探索市场化的方式,提高经济发展的效率和质量。另一方面,地方党委和政府也表现出了落实中央大政方针的坚定决心,以强大的资源调配和社会动员能力,全面开展经济和社会建设。政府主导与市场机制如何平衡是经济转型发展不可回避的命题。

发展经济始终是地方政府最为重要的职责所在。政府主导的产业转型本身就需要在社会经济活动中扩大政府权力干预和行动的范围,也就是成为积极作为的"干预型政府"。与此同时,政府职能转变则更强调的是以放松管制为导向的"有限政府"模式。政府权力的两种不同趋向都反映在当前地方政府治理改革实践之中。为了发展地方经济,政府出台了大量的新兴产业扶持政策,运用财税政策、金融政策和政府补贴的手段促进煤炭企业转型和新兴产业落地。地方政府也通过行政审批改革、"放管服"改革以及政务服务效率的技术改进,打造良好的营商环境。但在一些情况中,地方政府也会通过行政化的方式直接干预微观的生产经营活动。这使产业转型升级在资源配置方面表现出一些非市场化的特点。

非市场化的政府行为存在的风险在于供求失衡、资源错配以及资源浪费。如产业扶贫中公共资源的投向发生偏差,"扶强不扶弱""扶大不扶小",出现所谓"精英俘获"的现象。关于农民合作社的研究发现，合作社多由大户和龙头企业领办小农户组建。现实中登记注册的相当一部分合作社没有建立起成员账户制度。[1] 企业和社会资本的行为选择是依赖于市场机制的，源于市场逐利性。外来资本或大户领办的合作社，其经济利润的分配本质上是"大农吃小农"。[2] 再如现代农业产业发展中，农户并不积极参与地方政府所倡导的经济作物种植，而乐于种植玉米等懒汉经济。这种现象的背后实际往往反映了农民收入结构的变化以及由此对于农业生产带来的影响。当前农民的主要收入已经是以工商业为主的打工经济收入，而不再是农业收入。由此，大多数农民对农业的要求并不是产出高，而是农业投入低，这里的农业投入既包括化肥、农药、种子等生产资料投入，也包括劳动时间投入。地方政府引导农民改种经济作物，实际是在要求改变农民的收入结构。从市场规律的角度，农民基于投入和产出的考虑，会更愿意从事风险小、收益更稳定的第二和第三产业，这使政府政策难以得到农户的积极参与。[3]

产业升级是在国家宏观战略背景下地方政府主导

---

[1] 张晓山：《农民专业合作社的发展趋势探析》，《管理世界》2009年第5期。

[2] 陈靖：《进入与退出："资本下乡"为何逃离种植环节——基于皖北黄村的考察》，《华中农业大学学报》（社会科学版）2013年第2期。

[3] 刘升：《农民"种玉米"现象反映了什么》，《环球时报》2019年5月24日。

的经济改革。在一定程度上，地方产业升级的内驱力并不来自于仍然享受资源红利的企业。农村劳动力因为收入结构的变化，也不再愿意投入农业生产之中。区域经济结构调整最直接的驱动力更多源于自上而下的科层制政府体系中的执政目标，而目标的实现又依赖于高度动员的体制。上一级政府通过自上而下的考核体系，将战略目标和责任逐级下沉分解到基层的治理单元。为了完成考核目标，地方政府仍然需要发挥社会动员的能力和优势。压力型体制和动员式治理模式无疑会对地方政府参与经济活动的资源投入方式和干预程度产生较大的影响。地方政府全面动员的产业转型政策具有很高的行政效率。但从政府职能的角度看，政府主导的行政化趋势与市场化机制的要求实际很难在经济改革中得到平衡。

  应当说，当前我国县域治理仍然是经济发展导向的发展主义模式。地方政府治理行为某些方面呈现出公司化的色彩，类似地方经济体的经营者。发展模式的政府管理以 GDP 作为主要衡量标准的政绩考评体系。考评体系在不断强化、激励地方政府公司化的运营模式。地方政府就像是地区开发的总公司，GDP 和财政收入是公司的经营目标。直观上，地方政府公司化具体表现可以见诸地方政府的日常工作：以招商引资为首要工作,以追求财政收入增加为最高动力。① 在经济发展的过程中,一是地方政府具有了公司的许多特征,官员们像一个董事会成员那样行动;二是地方政府与企业密切合作。一个地方政府协调辖区内各个经济事业单位,似乎是一个从事多种经营的实业公司。② 地方政府的"公司化",不仅表现在其具有像"公司"一样明确的目标,而且还表现在具有像"公司"一样的运作效率。在压力型体制下,地方政府一旦确立了明确的行动目标,就能够在短时期内发挥出极高的运作效率,体现出极高的实现目标的能力。③

美国政府改革研究的学者萨瓦斯认为,"政府的职责是掌舵而不划桨。直接提供服务就是划桨,可政府并不擅长于划桨"。现实中,基层政府亲自划桨,既当运动员又当裁判员,如此发展经济的做法并不鲜见。地方政府公司化以及过于强势动员和干预经济可能存在的负面影响包括:一是政府失灵。也就是政府过于介入经济发展,损失经济效率,难以控制行政成本。在一般的公司中,公司目标的实现要以成本核算为基

---

① 赵树凯:《地方政府公司化:体制优势还是劣势》,《文化纵横》2012年第2期。
② 赵树凯:《破除"地方政府公司主义"》,《中国改革》2006年第8期。
③ 周飞舟:《地方政府"公司化"的双重效应》,《文化纵横》2009年第6期。

本前提,"赔本的买卖"公司是从来不做的。但是地方政府几乎没有这方面的限制。一个目标一旦被"政治化",就意味着不计成本、不惜代价也要全力以赴去完成。我们常常听到的说法叫作"算作政治账"。"政治账"的逻辑与经济账全然不同。一算"政治账",通常意味着在经济上就是"赔本的买卖"。在政治的层级体系中,一个目标一旦被"政治化",就会被下级政府层层加码。① 二是政府公共性角色的模糊。大量资源被用于满足地方经济发展的目的,挤占了公共服务和社会管理的可用资源。在现有的考核体系中,经济发展是最为重要的指标,这使得地方政府有强烈的意愿将各种资源用来发展经济;而在动员型的政治体制下,国家与社会之间的关系不平衡,社会的要求对地方政权没有制度性的约束力,地方政府没有提供公共物品的动机。政府无力满足地方社会对公共服务和公共物品的需要,因而相应也就无法获取政治支持。②

从公共性的角度,政府的本质是为公共利益服务,提供公共产品和公共服务,维持社会公平和公正。在这个意义上,政府发展经济的目的应该是改进经济效率、调节区域发展的不平衡,提供公共产品并为处于

---

① 周飞舟:《地方政府"公司化"的双重效应》,《文化纵横》2009年第6期。

② 赵树凯:《农村发展与"基层政府公司化"》,《中国发展观察》2006年第10期。

弱势地位的社会人群提供基本保障和福利。以经济发展指标为中心的政绩考评体系往往会扭曲政府对于发展经济与公共利益、政府责任关系的理解。发展经济是为社会供给公共产品和公共服务。但对于"发展是第一要务"理念的片面理解，使现实中政府公共服务的职责往往退居其次。近年来，政府职能转变的"简政放权""放管服"等改革方向都在强化政府的经济服务和公共服务职能。政府对经济发展的服务更应从社会经济效率和公平的角度，以政府公共责任为导向，宏观上调节产业结构、发展不平衡，通过改善营商环境吸引投资、增加就业，并以此更好地提供公共产品和公共服务。在产业转型升级中，政府应以此为契机，从转变发展的治理模式入手，建设服务型政府。政府仍然需要从公共性和法治的角度，遵循市场机制中不同角色的行为边界，从一些直接干预市场活动的领域中退出；从市场机制的角度去把握社会资本和劳动力的流动方向，尤其要避免越位、替代企业和农户进行决策。政府职能转变还需要地方政府遵循经济社会发展中的规律，从本地市场需求和社会需求的实际出发。这也需要从体制机制上给予地方政府一定程度的自主权，更好地实现区域经济的供给侧改革。

四 社会治理的制度化和法治化

乡村治理体系和治理能力现代化关乎农村社会发展和秩序稳定,也是国家治理体系和治理能力现代化的重要环节。党的十九大以来,党中央和国务院在推进乡村治理方面连续出台指导意见。根据《中共中央、国务院关于实施乡村振兴战略的意见》《关于加强和改进乡村治理的指导意见》等政策文件的要求,乡村治理要坚持和加强党的集中统一领导,坚持把保障和改善农村民生、促进农村和谐稳定作为根本目的,建立健全党委领导、政府负责、社会协同、公众参与、法治保障、科技支撑的现代乡村治理体制,健全党组织领导的自治、法治、德治相结合的乡村治理体系。

(一) 党的基层组织建设与村民自治

当前,乡村治理的制度体系主要由党的基层组织建设与村民自治构成。农村基层党组织是农村各项工作的领导核心，担负着公共治理的政治责任。村民自治是基层民主政治建设的基本形式，是村民政治生活方式的重要内容。[①] 农村"两委"（村党组织和村委会）作为农村各项任务的组织者、实施者和推动者，是国家强农惠农富农政策执行和资源分配的终端。村"两委"的工作与农民切身利益息息相关。因此，加强以村党组织为核心的村级组织建设，是加强农村基层治理的关键环节。

近年来，全国村级事务管理规范化工作机制普遍推行。一些地方还根据实际情况建立协商民主议事机构，让群众自主参与村务的决策、实施和监督，探索多元参与的社会治理新模式。沁源县围绕"三基建设"工作，不断加强党的基层组织建设，以自治增活力，规范村民委员会换届选举，在夯实乡村治理基础方面取得了显著成效。以下重点围绕农村基层治理中"两委"换届的制度和举措，来讨论农村社会治理的制度、机制与基层组织建设的发展趋向。

截至2018年底，沁源全县14个乡镇、6个社区、254个行政村已建立党组织，覆盖率达到100%。256家非公有制企业法人单位建立党组织107个。36个社

[①] 徐勇：《村民自治的深化：权利保障与社区重建——新世纪以来中国村民自治发展的走向》，《学习与探索》2005年第4期。

会组织法人单位建立党组织14个。全县党员共计11182人，农村党员5988人，占党员总数的53.60%。农村党员30岁及以下416人，31—35岁327人，36—45岁1316人，46—55岁1357人，56—60岁683人，60岁以上1889人。2018年全县共发展党员180名，比上年增加43名。发展女党员52名，占28.89%。发展35岁及以下党员100名，占55.56%。发展具有大专及以上学历的党员122名，占67.78%。发展农牧渔民74名，党政机关工作人员35名，非公、国企人员53名，社会组织人员2名，农民工（包括劳务派遣工）16名，在生产、工作一线发展党员143名。

2017年底，全县完成14个乡镇254个行政村和6个社区换届选举。"两委"换届选举采取"先党组织后村（居）委会"的方法，共选出新一届村"两委"班子成员1558名，社区"两委"班子成员34名。其中，村党组织书记和村委主任"一肩挑"68人，较上届减少35.2%。村党组织班子835名，年龄结构：35岁及以下35名、36—45岁216名、46—54岁219名、55—59岁132名、60岁及以上233名，平均年龄49岁，较上届增加7岁。村委班子943名，年龄结构：35岁及以下126名、36—45岁306名、46—54岁314名、55—59岁178名、60岁及以上19名，平均年龄45.3岁，较上届增加3.6岁。在换届选举中，该县农民党员参选率达到84%；选民参选率达96.70%；外出务工经商返乡人员、退伍军人、农民专业合作组织负责人、大学生村官积极参与换届，当选率达到65%，呈现出竞职人数多、从业范围广、致富能力强的多元化竞争态势。

在制度建设方面，沁源县所有农村的村级重大事项全部按照"四议两公开"程序决策实施，即按照党支部会提议、"两委"会商议、党员大会审议、村民代表会议或村民会议决议程序进行决策，严格决议公开、实施结果公开。同时按照"民事民议、民事民办、民事民管"的多层次协商要求，建立"一约四会""一墙三榜三公开"村民自治体系。① 在基层党建工作机制方面，深入拓展"一月一步骤、月月有主题、三步一周期、一年四循环"工作法。具体做法是：各行政村每月分别召开以"研究本村重要事务、村党支部向乡镇党委汇报工作、党员民主评议村'两委'工作"为主题的支部委员会和支部党员大会。会议与每个月的"支部主题党日"活动同日召开，要按照先召开会议，再开展活动的顺序进行。同时，每月召开一次党小组会，每季度上一次党课。通过"三步""四循环"推动基层党组织建设从"量变"到"质变"。

---

① 殷晓霞、唐澜：《金所军：沁源县探索乡村治理"三治九化"模式》，http://cn.chinagate.cn/news/2019-07/10/content_74975296.htm。

同时，完善党建资源整合机制，促进各类政策资源、干部人才资源、社会资源向基层投放，把党的组织优势转化为绿色沁源的发展优势。

沁源县委将村（社区）"两委"换届工作，作为"三基建设"的一项重要内容。在换届工作正式启动后，结合脱贫摘帽、护林防火等重点工作，实行了战区制，每周一县委常委会听取进展情况汇报，研究解决换届选举中的重大问题和苗头性问题，并针对存在的问题，及时进行了分析研判。主要措施包括：一是调查摸底。组织部、民政局联合各乡镇党委组织人员开展细致摸底，结合软弱涣散党组织整顿工作，筛选出换届选举重难点村7个，一村一策，因村施策。二是集中整顿。把27个软弱涣散村级组织整顿和"村霸"问题专项整治工作有机结合，坚决防止"村霸"和宗族、宗派黑恶势力及有违法违纪行为的人员进入村"两委"班子。三是财务审计。严格按照村干部任期和离任经济责任审查的有关要求提前完成行政村经济责任审计。重点审计农村经济责任目标完成情况、财经法纪执行情况、农民群众关注的热点问题三方面内容。四是人才储备。大力实施农村本土人才回归工程，对本土人才回归情况建档立卡，摸清参选意向人员，27名本土人才中8名当选村党组织书记。五是后备干部培养。有意识地对优秀大学生村干部、妇女干部人选进行教育引导；每个乡镇对农村经济能人、退伍军人、外出经商人员中的优秀分子进行逐一登记，统一建立档案，坚持动态储备，共培养锻炼农村后备干部480余名。沁源县村级组织建设以及"两委"换届的实践显示出，农村基层组织的制度建设取得了一定成效，农村"两委"换届工作的制度化水平不断完备，有效地落实了乡村振兴战略的人才回流政策。

近年来，农村基层组织运行不断面临城镇化和人口流动所带来的冲击。一些普遍性的问题是，中西部落后农村"空心化"、"两委"干部年龄结构渐趋老化、农民个人意识觉醒、集体意识弱化。这些问题导致农村党组织及人才队伍建设后继乏人，农村内生公共品供给困难。以发展党员工作为例，这项农村基层党建的重要任务，需要直面农村中青年人口外流的现实。为了改善农村地区党员队伍年龄结构，有些地区在发展党员条件中设置年龄门槛，但难以取得显著成效。村庄发展党员时，符合年龄和学历条件又积极要求入党的高素质中青年比较少。村庄中的中青年因外出务工或子女教育而发生人口流动的情况比较普遍。这部分群体因外出不便参加组织生活而入党积极性不高。有些村庄完不成党员发展的任务，使分配到该村的党员发展指标作废。同时，也有少数外出务工人员或求学的年轻人提出入党申请，成为积极分子，将回村发展作为个人出路的备选方案，但无法确定能否在未来回村中工作和服务。农村地区中青年党员外流、党员年龄结构老化趋势以及发展对象比较少这些问题，一定程度上是我国人口和城镇化发展的必然结果。我国老年人口城镇化滞后，农村人口老龄化程度明显高于城镇。这种人口结构变化直接反映在农村基层党组织及党员队伍的所谓"老龄化"现象上。但由于农村仍然是伦理型社会，村庄秩序的维护本身就是要依靠少数老党员或有威望的长者，因此年龄结构老化尚未对基层组织的治理能力有明显的影响。就现状来看，党员年龄结构老化对乡村社会治理的影响主要存在于信息化科技手段的应用方面。沁源县委在农村信息化人才队伍建设方面创新人才机制，从农村基层组织的专业化发展思路上入手，以政府购买服务实施"乡村文书员"岗位聘任，提高基层组织的专业化水平，吸引本地具有大专以上学历的年轻人到村庄中担任文员工作，一方面保障基层组织信息化建设的开展，另一方面"就地取材"将其作为农村党组织及党员队伍建设的后备力量。

除了经济社会结构变化以及人口流动对农村基层组织建设带来的挑战之外，农村社会治理还面临体制性问题。当今的基层社会秩序是一种权威秩序，建基于政治权力和政府权力的支配关系上，源于国家权力支配社会的观念。[1] 改革开放以后，国家权力退出，但村民自治的制度性权力并没有得到加强却出现弱化的趋向，这主要是由于基层党政权力对乡村社会的实质性介入，或者说，改革开放后的乡村社会秩序建构并没有处于党政权力的覆盖之外。[2] 农村基层社会组织形式重构的秩序特征主要体现在两个方面：一方面，在国家正式权力的运作过程中，引入了基层社会规则或地方性知识，展现了国家与农民关系的实践形态。[3] 另一方面，国家权力将村民自治组织作为控制和影响基层社会秩序的新的组织形式，这是国家权力对基层社会进行的重新"行政化"，即官治化，后者成为乡镇基层政权对基层社会控制和动员的组织形式。权威秩序对基层社会治理的负面影响有两方面。一是在基层民主制度建设上，一元化管理体制与基层民主自治要求之间的紧张广泛存在。[4] 二是出现基层政权与社会共同体"结构分离"现象。权力来源越来越依赖官方的支持，而非社会的承认，从当地社会的利益一体化结构中分离出来。基层政权与社会利益分离，但仍位于

---

[1] 周庆智：《官治与民治：中国基层社会秩序的重构》，社会科学文献出版社2019年版，第127页。

[2] 周庆智、蔡礼强：《现代公共精神的重塑——来自监利的报告》，中国社会科学出版社2019年版，第84页。

[3] 孙立平：《软硬兼施：正式权力非正式运作的过程分析》，载《清华社会学评论》，鹭江出版社2000年版。

[4] 赵树凯：《农民的政治》，商务印书馆2012年版，第176页。

控制并整合基层利益的中心地位。① 基层治理体系的完善需要面对新的社会变迁，通过制度创新来实现基层社会利益的表达和意见综合，协调各种社会力量和组织的利益关系，容纳更多社会主体参与社会自治和协商。

（二）农村社会组织发展

社会组织是不以营利为目的，主要开展各种志愿性的公益或互益活动的非政府组织。广义的社会组织是指除党政机关、企事业单位以外的社会中介性组织。狭义的社会组织是指由各级民政部门作为登记管理机关，纳入登记管理范围的社会团体、民办非企业单位和基金会这三类社会组织。截至2018年底，全国共有社会组织81.7万个，其中农村和农村发展领域6.8万个。② 社会组织是介于公民与政府之间的社会空间，是缓冲社会矛盾、实现利益诉求表达的社会协商机制，也是公共服务的多元供给主体。

全面深化社会体制改革以后，社会治理的重心逐渐下沉基层。农村中社会组织作为新兴的治理主体，

---

① 张静：《基层政权：乡村制度诸问题》（2018年修订版），社会科学文献出版社2019年版，第29页。

② 《2018年民政事业发展统计公报》，http：//images3.mca.gov.cn/www2017/file/201908/1565920301578.pdf。

在社会自治、社会协商、社会服务方面所发挥的作用与日俱增。根据民政部出台的《关于大力培育发展社区社会组织的意见》规划：到2020年，社区社会组织培育发展初见成效，城市社区将平均拥有不少于10个社区社会组织，农村社区平均拥有不少于5个社区社会组织。社会组织的发展条件与激励机制在城乡之间有所差异。相对城市而言，乡村社会仍然保持着基于血缘和亲缘构筑的社会网络。传统的中国农村是由血缘为纽带的宗族组织联系起来的，宗族组织是农村最主要的社会组织。改革开放以来，农村社会的组织形态随着经济社会结构性的变化在不断发展。总体上，按照组织职能类型划分农村社会组织，主要有权力组织、服务组织和附属性组织三种。权力组织典型代表是村委会、村计生协会等；服务组织，例如经济合作社、经济协会；附属性组织，例如妇代会、共青团支部、治保会、民兵营等。[1] 乡贤组织、从事社会服务的民办非企业单位，以及枢纽型的社会组织是近年来农村新兴的社会组织。关于农村社会组织的范畴，有学者从实践的角度进行归纳，认为是农村中为了完成特定的社会目标，执行特定的社会职能并根据一定的规

---

[1] 俞可平：《公民社会的兴起和治理变迁》，社会科学文献出版社2002年版，第43页。

章、制度和程序而进行活动的人群共同体。① 这个定义属于广义层面的界定，包含了一些具有社会组织功能和性质但并未经过正式制度和程序加以确认的组织形态，更有助于理解乡土社会的治理逻辑和非正式的制度安排。

近年来，沁源社会组织和社会公益蓬勃发展，成为参与乡村振兴的重要社会力量。截至2018年7月底，全县共有纳入登记管理的社会组织57个，其中社会团体45个、民办非企业单位12个。45个社会团体中，农业类社团9个，分别是中药材产业发展协会、信义核桃种植协会、瓜果与特色花卉种植协会、养羊协会、脱毒马铃薯产业协会、荞麦种植协会、苗木花卉产业发展协会、西山柴胡种植业协会、连翘产业协会；体育类社团12个，分别是篮球协会、乒乓球协会、太极文化推广协会、羽毛球协会、体育总会、足球协会、自行车协会、网球协会、瑜伽健身协会、钓鱼协会、门球协会、游泳协会；文化类社团7个，分别是摄影协会、书法协会、秧歌协会、观鸟协会、围棋协会、工艺美术协会、收藏协会；行业类社团7个，分别是检察官协会、心理卫生健康协会、再生资源回收利用协会、电子商务协会、煤焦业商会、中小企业创业服务中心、农家乐协会；专业类社团3个，分别

---

① 钟涨宝：《农村社会学》，高等教育出版社2010年版，第105页。

是监察学会、老年学学会、人民群众见义勇为协会；志愿服务类社团1个，为青年志愿者协会；公益慈善类社团2个，分别是县慈善会、乐善公益协会；互助类社团1个，为法中乡柳湾村扶贫互助协会；其他社团3个，为个体劳动者协会、消费者协会、民营企业协会。民办非企业单位12个，其中民办教育类6个，分别为冯村博爱学校、紫丹幼儿园、笔畅教育培训中心、山月英语培训学校、卓艺儿童之家、小新星英语培训学校；篮球俱乐部2个，分别为一开青少年篮球俱乐部、太岳晨曦篮球俱乐部；职业技能培训类1个，为久安职业培训学校；民办医疗类1个，为梁东红综合门诊部；文化类1个，为盲人曲艺团；专业类1个，为沁源蓝天救援队。全县还充分发挥各职能部门作用和组织优势，依托新时代文明实践中心、所、站组建了1支学雷锋志愿服务总队，下设"党员志愿者服务队""红领巾志愿服务队""巾帼志愿者服务队""青年志愿者服务队""职工志愿者服务队""文艺志愿者服务队""森林消防志愿者服务队"等25支志愿服务队，此外还包括260支志愿服务分队，志愿者总人数达2万人。

从沁源县社会组织发展情况可以看到，新兴的一部分社会组织是以产业转型为问题导向的社会创新，映射出经济转型之下社会中介性组织的发展需求。沁源县还大力培育社会组织参与社会治理工作，对县域的经济发展、体育事业、文化事业、慈善事业发展产生积极作用。如在市场领域中成立了多个产业性的农民协会，推动传统农业的升级和产业扶贫。这些农村专业经济类的协会依靠自身产业和资源优势，培育当地特色的农业产品品牌，培育农民专业合作化组织，发展绿色生态农业；通过对农民开展电子商务的技术培训，发展农产品的电商平台。还有一些诸如商会、中小企业创业服务中心、农家乐协会等团体在培育市场主体方面也发挥着积极的作用。在村民自治领域，全县每个村庄还成立了村民议事会、道德评议会、红白理事会、禁赌禁毒会等自治型的社会组织，倡导村规民约，移风易俗，化解基层社会矛盾，弘扬时代新风。此外，文化教育类的社会组织也积极参与本地文化旅游产业的发展，融入群众性精神文明创建活动。其中尤以民俗、秧歌、篮球三方面社会文化领域中的社会组织最为活跃。在志愿服务方面，党群工作领域具有公共职能的群团组织，如工会、妇联和共青团是组织本地志愿者活动的主要渠道。青年志愿者活动包括交通安全、垃圾分类、法律援助、医疗义诊、关爱老人、关爱留守儿童、关爱环卫工人和帮助贫困户整理户容户貌等，并通过希望工程、爱心企业、单位捐资、网上发起公益捐赠等形式资助贫困学生，共资助学生177名，资助金额42.8万元。

在社会组织党建方面，沁源县作为全市建设非公和社会组织党支部标准化建设试点县，在社会组织登记成立中同步开展党建工作，对不具备组建党组织的社会组织，通过派驻党建指导员的方式，实现党的工作全覆盖，进一步推进全县社会组织党组织标准化建设，在全县机关党组织与社会组织党组织中开展"一带一帮"活动，不断提升社会组织党建工作水平。

目前我国农村社区社会组织发展还存在一些普遍性问题，如资源薄弱、村民观念保守、村两委专权、权威认可单一等。[1] 农村与城市社区社会组织发展一样也还存在人才和财源的匮乏问题。基于社会调查数据的研究发现，农村社会组织信任度相对较低、农民的社会组织参加率非常低。农村社会组织在农村治理中并未能起到沟通社会、提供制度化利益表达途径的功能。[2] 从基层社会自治和社会协商的机制看，社会组织并没有进入乡村治理结构。尽管乡村治理的制度基础和社会基础发生了巨大的变化，但基层公共权力与社会力量还不成比例，社会组织不能发展起来，或者说，前者保持着强大的介入能力，后者还是处于弱小和

---

[1] 刘东杰：《四下其手推动农村社区社会组织发展》，《学习时报》2020年3月11日。

[2] 李百超、谢秋山：《基于CGSS2010的农村社会组织现状实证分析》，《中南大学学报》（社会科学版）2015年第10期。

"乌合之众"的成长状态。①

随着农村社会利益诉求的多元化，我国基层治理的方式也有所调整，开始尝试在行政方式和自治两者之间增加社会力量的参与和协商。如浙江、广东、四川等多地在村庄治理结构之下设立理事会、恳谈会、议事会、协商会、老人会、慈善会等民间社会组织，允许这些组织自主组织、自主管理、自我服务，协助村"两委"治理乡村。这类村庄中的社会组织往往作为村民自治的分支机构，其组织的负责人都由村支部书记或村委会主任兼任，以不同形式发挥动员、调解和协商等治理功能。还有一些地方成立乡贤参事会，调节和协商农村治理的难题，参与村里发展项目的规划和监督。这类以企业和经商能人乡贤所组成的民间团体，尽管在组织性质上与社会组织并不完全一致，但是在实际中形成了多元主体对农村社会公共事务进行协同共治的过程。② 这些社会组织大部分并没有进行程序上的登记，也没有纳入民政部门对于社会组织的统计，但却发挥着具有一定自主性的社会治理与服务功能。

---

① 周庆智：《官治与民治：中国基层社会秩序的重构》，社会科学文献出版社2019年版，第165页。
② 郎友兴、张品、肖可扬：《新乡贤与农村治理的有效性——基于浙江省德清县洛舍镇东衡村的经验》，《中共浙江省委党校学报》2017年第4期。

我国中西部广大的农村地区仍然保持着乡土社会传统，由血缘、亲缘所构成的社会关系网络承载了守望相助的乡土价值。来源于宗族内部的文化传统和互助精神是乡村社会组织发展的积极因素。农村社会原本也存在一些中介性和慈善性的组织以及乡约民俗等非正式的民间法则，调节社会关系，承担社区福利的供给。从农村社区凝聚的意义上，发展农村社会组织对于基层社会秩序的维护和公共服务供给具有重要的意义。随着城镇化所带来的人口外流以及公共服务向城镇不断集中，可以预期农村公共服务供给与城市的差距将会继续扩大。农村社会组织的发展可以促进留守居民的就业、养老、教育、医疗等公共服务的供给、改善边缘化社区中弱势群体的处境，增加基层治理的回应性。农村社会组织的发展应重点以服务性、互益性和互助性为方向，在市场领域中促进农民与市场的链接，在社会服务领域中增强乡村自我服务和福利生产的能力。农村社会组织更应避免行政化的趋向，应通过市场化的导向和社会工作专业性人才的引入，增强组织自身筹资能力。基层公共权力需要让渡一部分社会管理和服务的空间，培育社会组织参与治理的能力，回归社会自治的逻辑。

（三）完善基层人民调解制度

改革开放后，乡村权利关系发生了变化，因利益受损引发的矛盾纠纷增多。化解乡村社会的矛盾纠纷，除了司法或行政力量介入，也需要社会力量参与，而人民调解制度正是汇合了司法或行政力量与民间力量的一种矛盾纠纷调处形式，这种矛盾调处形式，在基层或村社具有半官方性质，即使是乡镇及以上的行政调解，也大多秉持民间智慧，以调解为主而并无强制意味，是当事双方都可以接受的和解方式。也就是说，人民调解融合了人情和法理两方面的权威，即调解的结果对双方当事人的约束力体现在情理和法理两个方面，对当事人的社会信任关系和法律适用方面也有直接的影响，所以它才能够成为乡村社会有传统和现实依据的矛盾调处形式之一。

人民调解在矛盾纠纷多元化解机制中发挥着基础性作用。党中央、国务院历来高度重视人民调解工作。党的十八大以来，习近平总书记多次对人民调解工作做出重要指示批示，为做好人民调解工作、加强调解队伍建设、完善调解制度指明了方向。

加强基层社会治理，营造安全稳定的发展环境，以人民调解制度为枢纽，建立完善社会矛盾排查预警和调处化解综合机制，为社会弱势群体提供分类保障，从根本上为实现"绿色立县、建设美丽沁源"发展战略提供安全的政治环境和稳定的社会基础。

1. 人民调解多维度发展，维护社会和谐稳定

人民调解在实现社会稳定发展、维护社会秩序的过程中具有重要功能。人民调解具有贴近群众、成本较低、比司法诉讼节省时间、程序简便灵活等特点，在非诉讼领域把大量的矛盾纠纷化解在基层、解决在萌芽状态，发挥着维护社会稳定第一道防线的作用，不可能被其他的解决矛盾的途径完全取代或替代。当然，人民调解在解决矛盾纠纷时，作为化解矛盾的机制，需要与其他的矛盾纠纷调处机制的行政调解、法律途径解决方式有机统一起来。

沁源县遵循"党建引领、司法为民"的基本原则，筑牢人民调解维护社会稳定的第一道防线，建立健全调解组织，强化调解队伍建设，调解机制不断优化，有效化解了社会矛盾纠纷，全县信访量逐年下降，基本实现了"小事不出村、大事不出乡、难事不出县"的目标。沁源现有 284 个人民调解委员会，其中有 14 个乡镇调委会、7 个行业性调委会、3 个企事业调委会、260 个村（居）调委会。2019 年，共排查调处各类民间矛盾纠纷 3085 件，调解成功 3023 件，调解率 100%，调解成功率 98%。公众安全感和群众满意度也

得到持续提升。

（1）沁源县人民调解的多维度发展

沁源县多措并举，从多维度创新式发展人民调解制度，主要是调解组织和调解员队伍人力资源建设；健全调解的制度与机制；多元化的调解方式；协调联动的调解大格局。

第一，重构和健全各级人民调解组织，为矛盾纠纷调处提供组织保障。

建立健全三级调解组织。全县建立健全和加强县、乡镇、村（社区）三级人民调解组织网络。充分发挥县人民调解中心主导作用和乡—村两级传统型调解组织基础性作用，采取"三级联动"调解机制。县级调处中心是建立起案件调处的总枢纽；乡镇调解组织是基层调解的中坚力量，全县14个乡镇全部建立了人民调解委员会；全县260个行政村建立了村级人民调解委员会，大力实施"第一道防线村（居）调委会标准化建设"工程，成为人民调解的桥头堡。

加强人民调解员队伍建设。壮大和充实专职调解员队伍。从全县具有高中以上文化程度、党员、非在职的35岁以上、从事过综合治理的人员中，新招聘38名专职人民调解员，落实"固定补贴+绩效考核"待遇保障规定，全县人民调解员队伍专业化、职业化步伐大大加快。充分发挥专职人民调解员的优势，使之参与联合调解。三年来，全县各级人民调解组织共调处各类矛盾纠纷7654件，涉及群众15000余人，其中，防止民转刑案件55起，防止群体性上访案件42起，调处成功率达99%。防范化解重大社会风险的目标逐步实现，真正促进了社会发展稳定，筑牢了第一道防线，真正体现了人民调解的重要作用与现实优势。

第二，健全人民调解制度与调解机制。

建立健全调解机制。建立县、乡镇、村居一体的"三级联动"调解机制，完善当事人申请受理、咨询解答、案件转办等工作事项。出台《沁源县人民调解中心管理办法》，制定了对矛盾纠纷实行规范接待、统一受理、分流指派与集中调处相结合的十项制度。建立完善县级社会矛盾调处中心、乡级矛盾调处工作站、村级人民调解委员会三位一体的矛盾纠纷化解机制。沁源还建立了矛盾纠纷信息的传递与反馈制度：将民间纠纷的信息及时传送到调解组织，调解组织再将调解意见传回纠纷发生地或根据纠纷情况传送到上级有关部门。健全纠纷传递的信息网络，一般由调解小组、调解员、纠纷信息员组成，发挥信息传递与反馈中心的作用。

第三，多元化调解方式的综合运用。

基层乡镇和各村调解组织都有各自特色的群众性调解方式。例如，沁河镇依托"一村一顾问"引导律师和基层法律服务人员参与基层社会矛盾化解模式；聪子峪乡的"信访户+乡贤"的矛盾调解模式；王陶乡王头村组建的村法制文艺宣传队；法中乡董家村实行"一个问题、一个领导、一个方案、一抓到底"的工作责任制。沁河中心司法所，从辖区实际出发，实行符合群众习惯的圆桌调解方式，设立圆桌调解室，将案件当事人集聚在一起，彼此平等，公开透明，进一步拉近和当事人的心理距离，营造了和谐的氛围，有助于形成良性互动和促成调解协议的达成。

"互联网+"调解的网络技术调解方式。沁源县利用现代互联网和信息科技，在县级调解中心，与全县14个乡镇调解室搭建起远程服务视频系统，实现及时发现、及时指导、同步化解，这是提高调解的效率与解决问题机会的重要举措，也是"互联网+"调解工作室的功能优势。县级调解中心另有一种方式是，专门的调解厅调解，这种调解厅对矛盾纠纷的双方当事人都是一种约束，利于调解协议的达成与矛盾化解。通过不同的工作机制，进一步优化整合基层资源以促进矛盾纠纷解决，更加明确了基层矛盾化解的工作职责，大量的矛盾纠纷在村级得到化解和解决，在村级解决的矛盾纠纷占矛盾总数的76%，切实做到小事不出村、大事不出镇、矛盾不上交。

具有特色的法律调解方式。充分发挥法律援助人员、律师、公证员等法律服务工作者的专业优势,组织和引导他们参与疑难复杂矛盾纠纷的调解。沁源县建立了人民调解与法律援助中心、律师事务所、公证处对接机制,通过建立特色专线,由法律服务工作者为纠纷当事人提供专业的一条龙式法律服务调解。开通法律服务调解热线,成立集咨询、援助、调解、接处警为一体的"148法律事务应急指挥中心",开通"12348"法律援助热线,实行工作人员一年四季24小时全天候轮流值班和律师、公证员、法律工作者轮流值班相结合,为咨询者提供准确、有效、及时、便捷的法律服务。建立法律服务调解专家库,由13名律师、3名公证员组成,主要负责为纠纷当事人释明法律关系,解答法律问题,使当事人自觉依法解决纠纷。[①] 特别是在涉及民事侵权、合同争议、拆迁补偿等较复杂的涉法涉诉纠纷中,由律师、公证员担任调解员,从法律角度进行调解,提高了调解工作质量和成功率。

第四,建构相互联动的大调解格局。

沁源县司法局设立多元调解平台。全县八大行业性专业性调委会驻社会矛盾调处中心办公,初步形成全社会共同参与的"大调解"工作格局。完善各种与

---

① 参见沁源县司法局《实施"三线"调解战略 织密人民调解防护网》(内部资料),2019年8月。

调解对接的制度建设。建立人民调解与其他各种矛盾纠纷解决方式相衔接的制度，包括诉调对接、访调对接、警调对接等。通过完善制度建设，优化配置解决矛盾纠纷的各种资源，形成大调解工作格局，更好地维护双方当事人的合法权益、维持社会秩序和促进社会治理现代化。建立信访联动工作机制，成立沁源县访调对接工作室并在信访局挂牌运行，先后为县委、县政府、信访部门提供法律意见书37份。

构建横向部门之间协调联动的大调解格局。为促进社会矛盾纠纷更多地通过非诉讼、非对抗方式妥善解决，搭建起人民调解组织与司法机关、行政机关联合化解纠纷的对接平台，有效织密了"大调解"防护网。其中具有特色的是，"诉调"对接实现诉讼纠纷调解。人民法院将常见性、多发性、简单的民事案件，在当事人起诉时或立案前，在征得当事人同意后移交人民调解中心调解；调解达成协议后，双方当事人认为确有必要的，向人民法院申请司法确认。通过"访调"对接，实现上访案件调解。沁源在县信访接待大厅建立人民调解工作室，安排专职人民调解员值班，实现信访与人民调解无缝衔接，积极化解涉法涉诉上访案件，有效促进社会矛盾化解。

2. 人民调解发展中需要进一步解决的问题

沁源县人民调解及其制度不断发展完善和发挥矛

盾纠纷解决优势的同时，也存在着需要进一步重视的问题。当然，有些问题从全国更广范围来看，带有一定的共性。

一方面，调解队伍和专职调解员规模与结构有待改进。从全国范围来看，人民调解员的数量以及专职调解员配置不充足，是一个具有普遍性的问题。有些地方人民调解员的数量虽然达到一定规模，但专职人员比较少。沁源县的专职调解员的比例还不高；有的镇人口达到近2万名，而专职人民调解员只有8名。调解员的年龄结构、专业结构存在着一些需要改进的地方。有的地方可能存在老化的结构和问题，需要培养和补充年轻力量加入。虽然需要年长调解员的威望和丰富的社会经验等，但是有些比较复杂的矛盾纠纷案件的调解涉及多方面的专业知识、现场考察也需要年轻人，人民调解工作的整体发展需要年轻力量的补充和壮大。2018年4月，中央政法委、司法部等六部委联合印发《关于加强人民调解员队伍建设的意见》，提出了基本原则和主要任务。

另一方面，人民调解员的经费保障问题。沁源县已朝着改善调解员的待遇在采取措施。比如，出台《沁源县人民调解案件"以案补贴"办法（试行）》，在基本工作经费保障基础上，给予人民调解员一定数额的工作补贴，实现调解案件"以案定补"，按照简易纠纷、一般纠纷、复杂纠纷、重大纠纷,给予不同数额的补贴。"以案定补"政策极大地激发了广大人民调解员的积极性和主动性,确保人民调解员岗位留得住人,培养得出人才,稳得住调解员队伍。2012年,县政府核定40万元经费,实现调解案件"以案定补",共办结符合补贴标准案件387件,补贴费用37.5万元。但是,这些数额的补贴对于广大规模的人民调解员而言,其作用还是不能持久,解决调解员队伍的稳定性,这些补贴还不足够。进一步讲,人民调解员的工作主要是在基层,很多情况下需要入户、到田间、到工矿企业等调查和深入了解情况,包括交通费用等方面,都需要足够经费保障。一些地方实行以案定补的资金保障做法,与人民调解工作所需要的成本还有差距,需要财政加强保障。

要解决上述这些问题,必须首先充分认识到人民调解的现实重要性,是矛盾纠纷多元解决机制中的不可缺少与不可替代的重要一元。要进一步改善调解员队伍与经费问题,更大程度地发挥人民调解在农村社会稳定中的关键作用,修改完善《人民调解法》,充分发挥人民调解筑牢维稳第一道防线的功能。

(四)健全基层社会保障体系

在全面建成小康社会和实施乡村振兴战略的关键

时期，农村弱势群体的扶持需求更加凸显。保护和扶持城乡弱势群体是实现社会实质公平正义的基本要求，一方面是为了让全体人民共享改革发展成果，另一方面是为了维护社会稳定和公平发展的社会秩序。"加强对弱势群体权利保障与维护社会稳定有着内在联系。"[1] 所以，针对城乡需要保障的这些弱势群体的突出问题，着重精准分类来加强和完善不同领域的支持保障制度，健全基层社会的保障体系。

城乡处于弱势的群体类型多样，不同群体致弱的原因也各不相同。目前问题比较普遍和突出的群体主要有老年人群体、特困人员、因病致贫群体、残疾人群体等类型。沁源县在对城乡弱势群体的社会保障方面，出台了不同措施，实施了分类救助的政策与制度。稳步提高各项社会保障的补助标准，健全和完善各类社会救助和制度体系，筑牢民生保障的底线，增强保障托底功能。

1. 稳步提升低保水平，完善社会救助体系

第一，规范化管理是公平公正分配低保的重要条件。沁源创造性地提出了"十步工作法"，在全县范围内开展了城乡低保大复核工作，进一步明确审批条件，规范审批流程，确保应保尽保，并实行动态管理。

---

[1] 张晓玲：《社会稳定与弱势群体权利保障研究》，《政治学研究》2014年第5期。

尤其是对农村低保对象和建档立卡贫困人口的动态管理，将脱贫的农村低保对象作为核查重点，及时将家庭收入超过农村低保标准的对象按照程序退出低保。2019年9月修订完善低保实施细则，制定出台新的《沁源县最低生活保障审批实施细则》，对产业脱贫的精准扶贫对象给予9个月低保渐退。对建档立卡对象中的老年人、未成年人进行重点排查，对符合条件的及时纳入低保；对建档立卡对象中的重病重残对象（直接排除对象除外），可以单人单户纳入低保，切实对低保群体的保障做到动态管理和规范管理。2018年，沁源县共有农村低保对象3284户5764人，发放低保金1669.8万元，其中精准扶贫对象706户1347人，占低保对象的21.5%。渐退851户1482人，城镇低保对象670户1411人，发放低保金447.1万元。经过严格程序与审核，沁源城乡低保规范化管理水平得到提升。

第二，城乡低保在规范运行基础上逐步提高标准。低保对象一定意义上也是贫困人口的范围，需要把低保工作与精准扶贫工作有效衔接。2016年，《沁源县民政局关于印发沁源县脱贫攻坚民政兜底行动方案的通知》中提出，充分发挥民政工作在脱贫攻坚中的兜底保障作用。沁源县提出了低保标准与扶贫标准"两线合一"的政策调整要求，城镇低保标准由原来的每人每月556元提高到每人每月594元，农村低保标准由原来的每人每年2738元提高到3316元，"五保户"分散供养标准提高到每人每年4700元，集中供养标准提高到每人每年8900元，开展临时救助768人次。2017年，按照《沁源县最低生活保障家庭收入评估认定办法》和《沁源县城乡居民最低生活保障对象分类施保实施办法（试行）》的规定，坚持"应保尽保、规范运作、分类施保、动态管理"的原则要求，做到阳光低保，并逐步提高低保标准。2019年城镇低保标准为每人每月664元，农村低保标准为每人每年4606元，尤其是针对低保对象中的残疾人、60周岁以上老年人等群体，提高低保标准。

第三，完善社会救助体系，提高社会救助水平。依照《社会救助暂行办法》，保障困难群众的基本生活。以机构调整加强社会救助工作，沁源县成立社会救助申请家庭经济状况核对机构，与低保中心合署办公，也利于与市级的相应机构进行对接。在社会救助内容上，注重临时救助，制定了新的《沁源县临时救助工作审批实施细则》，形成市、县、乡三级救助网络，建立乡级临时救助备用金制度，乡级救助封顶额提高至3000元。2019年县、乡两级共计救助1986人次，救助金额298.38万元。其中救助精准扶贫对象155人，救助金额21.11万元。社会救助体系与扶贫政策的有效衔接，切实发挥了农村低保在脱贫攻坚中的兜底作用。

2. 提高特困人员的保障水平

按照《国务院关于进一步健全特困人员救助供养制度的意见》，特困人员是无劳动能力、无生活来源、无法定赡养抚养扶养义务人或者其法定义务人无履行义务能力的城乡老年人、残疾人以及未满16周岁的未成年人。这是一个特殊的弱势群体。对这一类群体的保障，要在审核认定的基础上确保资金保障，做好与其他保障制度和政策的衔接与城乡统筹。沁源县按照基本生活标准和照料护理标准的供养标准分类，实现了城市和农村特困人员的供养水平稳步提高。比如，调整了"五保"人员的供养标准和水平，按照自愿选择供养的方式，包括分散供养和集中供养的类型，及时为"五保"老人下拨供养经费。2017年全县共有1516名五保户，其中集中供养266人、分散供养1250人。全年累计下拨供养经费819万余元。加强对孤儿和留守儿童的保障和关爱，民政部门与多部门联动、协调配合，切实做好留守儿童的救助与关爱工作。为了实现保障公平性，开展城乡特困供养对象大复核，并协同医疗集团对特困对象自理能力进行了评估鉴定，依照《沁源县特困对象复核实施方案》，细化复核程序、资金发放等内容，真正确保符合条件的特困人员基本生活权益得到保障。

3. 不断加强养老服务设施和体系

近年来中国人口的老龄化程度在加速发展。2019年末的人口数据显示，60周岁及以上的人口有25388万人，占总人口的18.1%，其中65周岁及以上人口数量是17603万人，占总人口的12.6%。[①] 不仅从数量上老年人群体在增大，而且在结构上、机构保障和资金保障上都面临着更多挑战。沁源结合当地实际对老年人群体的保障采取了多种措施。

一是加强老年人群体的养老设施和福利保障。从硬件上，加强养老服务机构和设施建设。例如，2018年建立了10所农村老年人日间照料中心，解决农村空巢、高龄老人的实际生活困难。从软件上，全面提升养老机构的服务质量，包括服务标准、服务人员的专业化程度提高。

二是加强老龄人口的各种资金保障，做好老龄工作。沁源县发放老年人生活保障金，免费为全县60周岁及以上农村老人参加农村新型合作医疗，为70周岁及以上老人发放老年人生活保障金，全年发放超过了165万元。办理老年优待证，为全县60周岁及以上的老年人免费办理"老年优待证"，方便老人外出旅游

---

① 《中华人民共和国2019年国民经济和社会发展统计公报》，2020年2月28日。

和市内乘车。在2016年，为全县经济困难的高龄老人与失能老人发放补贴接近24万元。

　　三是提升养老院的服务质量。在养老服务保障中，养老院的服务质量是一个重要条件。国家出台的《养老机构服务质量基本规范》得到推广使用，这是养老院服务质量的"基准线"。各个地方在对接这个养老院服务质量要求，各级民政部门逐步将专项实施情况纳入政府的绩效考核内容和年度的重点工作。沁源县主要从运营管理、生活服务、健康服务、社会工作服务、安全管理五个方面，提升养老院服务质量。养老院服务质量22类、115项指标的合格率达到90%以上，设施改造和设备添置类指标合格率大幅提升，安全隐患进一步消除，全县养老机构服务质量内部管理制度也在建立；实现养老机构管理与服务规范化、标准化，养老服务队伍专业化水平和提供的养老服务质量都得到提升，老年人养老服务获得感和满意度明显增强。

4. 对医疗贫困人口救助和保障

医疗贫困群体实际上是贫困人口中的一个特殊群体，最主要的特征是因病致贫。对这个群体的社会保障其实与对贫困人口的医疗保障应该精准对接，各级医保部门推进医保扶贫工作取得积极进展。"截至2018年底，农村建档立卡贫困人口统计参保率达

99.8%，全国因病致贫贫困人口从2014年的逾2500万人下降到约514万人。"① 其中，对贫困人口患者的医保和医疗服务的供给是重要保障。

建立健康扶贫的工作机制，救助因病致贫人口。与健康扶贫相衔接，对医疗贫困人口包括因病致贫、因病返贫人群的社会保障和救助，也是一项重要工作。按照《沁源县健康扶贫工作实施方案》，沁源县卫生部门制定了《关于对因病致贫人员开展健康扶贫工作的实施方案》和《关于对因病致贫人员进行慢性病鉴定工作的实施细则》，并建立了卫生部门与乡镇健康扶贫的对接机制。对全县因病致贫人员建档立卡，为贫困人口开展家庭医生签约服务。整合卫生医疗资源，各乡镇开展送扶贫政策、送健康知识、送医疗服务的三送活动，以及合力预防、分户施策等保障措施，建立县级公立医院划片包联乡镇和医疗专家到户包联病人机制，满足贫困群众的医疗服务需求。

对因病致贫人口的精准医疗供给。对困难家庭患者开展个性化服务，提高贫困户住院门诊报销比例。对全县因病致贫患病人员建立精准医疗服务手册，对其基本信息、疾病信息、治愈情况及诊疗措施实行动态管理。

---

① 《中国因病致贫贫困人口数从2014年的逾2500万降至约514万》，中国新闻网，2019年10月17日。

全面开展重特大疾病医疗救助和重点保障。全面实施分类救助重大疾病保障工程，调整医保政策，将精准扶贫对象纳入医疗救助范围。充分发挥民政、慈善、红十字会和商业保险等部门的社会救助保障作用，为大病贫困患者提供最大化社会保障。为破解因病致贫的支出型贫困难题，按照《沁源县重大疾病重点保障实施方案》，把十种大病纳入县域重大疾病范围，争取更广覆盖大病贫困人群。

5. 促进残疾人的社会保障和发展

近年来，沁源县高度重视残疾人民生改善，推动残疾人事业与经济社会协调发展。针对本县残疾人的生活困难、就业不充分，教育、托养等公共服务供给不足等问题，2018年沁源县政府通过了《关于"十三五"加快残疾人小康进程的发展规划》，提出了保障残疾人和基本公共服务供给的主要目标和任务。

保障残疾人基本民生，提高残疾人的社会救助水平；确保城乡残疾人普遍享有基本养老保险和基本医疗保险；加快发展残疾人托养照料服务。促进残疾人及其家庭就业增收，在精准扶贫中，实施具体的残疾人扶贫政策。依法推进残疾人按比例就业，多渠道扶植残疾人的灵活的、多种形式的就业。在一些基本公共服务领域，提高残疾人的受教育水平，丰富残疾人的文体生活。

沁源县整合多方力量，发展残疾人的慈善事业，残疾人服务业和志愿助残服务，营造良好的促进残疾人发展的社会环境。推进残疾人福利工作，强化"两项补贴"动态管理，做到应补尽补和应退尽退。依据市、县相关文件精神，2019年全年四个季度共有困难残疾人4412人次，目前共发放生活补贴66万多元；共有重度残疾人8532人次，目前共发放护理补贴近128万元。

6. 进一步完善保障弱势群体的政策和制度

一是扶持保障的基本原则是分类和恰当对待。更为精准的分类是前提。对不同群体的致贫或者导致弱势的原因，要进行精准分类。目前的问题是，比如因病致贫、因学致贫、因残致弱等，没有从生理性的维度或社会性维度上进行更为细致的区分，这也导致在政策上有些偏差。为此，一方面按照致弱和致贫的原因进行分类。从原因上去寻找对策，如同治病一样，针对发病原因来开药方。对于弱势群体自身原因，包括能力、懒惰、思维落后等原因，就要采取教育或培训等。对于偶然因素致弱致贫的，包括家庭的主要劳动力死亡、残疾、大病重病、自然灾害等原因的，就需要政府履行相关的职能。目前这一部分弱势群体所占比例是很大的。另一方面是按照弱势群体的需求进行分类，包括基本生存需求、医疗需求、教育需求、就业需求、精神文化需求等，按照需求程度和层次进行优先扶持。按照分类施策，在突出共性致弱致贫问题和扶持需求的同时注重区域性、群体性和个体性差异，然后从关键点着手，制定针对性、精准性措施，积极推进上级政府"给"和"扶"与不同弱势群体的"缺"和"需"的有效衔接。

二是完善社会支持和参与扶持的制度。解决弱势群体问题的对策中，有一条比较关键的是，着重多元主体的供给合力。必须认识到，这些困难群体的多样性、多层次和不断变化的社会需求不可能全部由政府包揽和提供。政府不应当也不可能包办一切，公益性事业发展形式不是单一的，运作机制也各异。比如，对老年人群体的社会保障，要促进社会养老机构的发展，但是又要注意城乡差别。在农村养老服务体系建设中，机构养老很难起到坚实的支撑作用，把机构养老定位于居家养老的补充地位，比较符合农村老年人的现实需求的，是较为合理和可行的战略安排，因为农村老年人多数不愿意到养老机构。在城镇，对老年人弱势群体的社会支持更多地要建立和完善以社工和专业性的社会支持长效机制，发挥社会工作者及志愿者在老年社会工作中的重要作用。这个过程也是需要政府政策规划与引导的。所以既要突出政府责任、确保弱势群体的基本民生保障和基本公共服务，又需要政府充分调动和发挥各类市场主体和社会组织主体的积极性，尽可能发挥市场机制和社会机制的作用，多元合力满足不同弱势群体的多样化多层次需求。

三是改善财政支出，注重多种来源性和可持续性。从政府公共支出的角度，扶持不同的贫困群体的公共支出结构需要进一步合理化和寻求城乡之间的平衡，提高财政支出的绩效。除了公共财政支出，还要有社会主体的支出，政府对社会资金的整合、引导，投入有需求的群体当中。建立健全多渠道、稳定增长的扶持弱势群体的资金筹措机制。要加大宣传力度，努力形成有利于慈善事业发展的社会氛围，形成互帮互助、扶危济困的社会风气。要充分盘活社会扶贫资源，来共同扶持不同类型的贫困群体。

五　沁源治理实践：基于调查数据的检验

沁源的绿色立县理念，全面贯穿于县域"五位一体"总体布局之中。沁源的绿色立县理念，将绿色思维、绿色意识、绿色行动、绿色精神融入城乡发展的各个领域和全过程。其在实践层面主要体现：在经济领域，加快对传统产业进行升级更新，同时大力发展新能源、新材料等新兴产业和农产品深加工等绿色产业，并以此为纽带带动第一、第二、第三产业融合发展；在政治领域，加强思想建设，锤炼干部队伍，强化监督考核，提升各级干部对绿色立县的认识和引领推动绿色发展的主动性、自觉性；在文化领域，在全社会大力弘扬绿色生产和生活观念，将当地特色的绿色文化全面融入城乡群众工作生活中；在社会领域，强力推动绿色强基工程尤其是城乡基础设施绿色化改造提升；在生态文明建设领域，在原有生态系统基础上，大力实施增绿工程，开展大规模国土绿化行动，进一步增强自然生态系统服务功能。这是沁源绿色立县理念能够有效引领全局性发展生态改善，在高质量发展道路上越走越宽的重要现实条件。

中国社会科学院政治学研究所项目组，在第一阶段实地调研、深度访谈的基础上，从"全面推进国家治理体系与治理能力现代化"的视角切入，结合"沁源绿色发展"探索实践的现实情况，对沁源全县14个乡镇、52个行政村的2100名本地居民进行了问卷调查。最终，共收回有效数据2081份，有效率为99.10%。在2081份有效数据中，男性居民1255人（60.30%），女性居民811人（39%），信息缺失15人（0.70%）；所调查的当地居民的年龄在18—89岁，平均年龄46.54岁（标准差为11.76）；其他人口学变量指标的具体统计结果见表5-1。

具体来看，本次调查的有效数据在各乡镇的有效占比相对均衡，各乡镇的有效数据比在6.58%—7.30%。其中，参与问卷调查的受访者中，汉族人口占到绝大部分（2034人，97.74%），而少数民族仅有9人；在受教育水平指标上，受访者的整体学历偏低，"初中及以下"1110人（53.34%），高中（含高职、高专）640人（30.75%），而具有高等教育经历的受访者仅有281人（13.50%）；在政治面貌方面，"中共党员和共青团员"

的占比合计为33.64%，"群众及其他"的占比为63.58%；从个人收入指标来看，月收入"1500元以下"的受访者1025人（49.26%），月收入"1501—3000元"的受访者559人（26.86%），月收入"3001—5000元"的受访者345人（16.58%），而月收入"5000元以上"的受访者仅有34人（1.63%），信息缺失者118人（5.67%）；从家庭收入指标来看，年收入"1.5万元以下"的受访者835人（40.12%），年收入"1.5万—5万元"的受访者805人（38.68%），年收入"5万—8万元"的受访者302人（14.51%），年收入"8万—10万元"的受访者37人（1.78%），年收入"10万元以上"的受访者仅有11人（0.53%），信息缺失91人（4.37%）；与家庭收入指标相对应，在收入主要来源方面，以"农业生产"为主的家庭814个（39.12%），以"工资"为主的家庭513个（24.65%），以"家庭经营"为主的家庭119个（5.72%），以"在外务工"为主的家庭242个（11.63%），以"其他类型"为主的家庭291个（13.98%），信息缺失102个（4.90%）；在受访者的职业类型上，"务农"人员940人（45.17%，占比最高），"务农兼打零工"人员350人（16.82%），"在外打工"人员258人（12.40%），"个体工商户"62人（2.98%），"企事业单位"人员163人（7.83%），"其他"类型从业者282人（13.55%），信息缺失26人（1.25%）。

通过对沁源全县14个乡镇、52个行政村（社区）、2100名当地群众的问卷调查发现：（1）村居自治相关实践公正透明，群众参与渠道丰富，表现出较高水平的参与认知与行动；（2）基层党建工作形式丰富、务实有效，党员发展、干部选拔等工作的取向标准与实际操作，受到群众认可；（3）民生需求满足与发展表现出良好态势，党委政府积极主导和开展扶贫工作，收到积极评价，群众表现出较高的村社认同；（4）当地群众对党委政府表现出较高的信任，特别是对当地政府显现出了较高水平的满意与信任；（5）城乡社会发展稳定，群众矛盾纠纷解决途径多元、有效，政府、公民、社会合力协作效果明显，社会氛围与秩序和谐稳进。

在这一部分的内容中，我们将站在沁源治理框架中"人本"的角度，来评估和展现沁源推进社会治理现代化及"绿色发展"战略过程中的绩效状况。对此，我们将从村居自治、基层党建、民生服务、政府信任和社会稳定五个方面对其予以反映，以期从不同测量维度和评价视角来刻画沁源治理的探索与实践（见图5-1）。

表5-1 沁源治理问卷调查对象的基本情况

指标	类别	人数	有效占比（%）	指标	类别	人数	有效占比（%）
乡镇	赤石桥	150	7.21	民族	汉族	2034	97.74
	聪子峪乡	149	7.16		少数民族	9	0.43
	法中乡	146	7.02		信息缺失	38	1.83
	官滩乡	150	7.21	学历	初中及以下	1110	53.34
	郭道镇	158	7.59		高中（含高职、高专）	640	30.75
	韩洪乡	148	7.11		大专及本科	262	12.59
	交口乡	150	7.21		研究生	19	0.91
	景凤乡	137	6.58		信息缺失	50	2.40
	李元镇	150	7.21	政治面貌	中共党员	511	24.56
	灵空山	151	7.26		共青团员	189	9.08
	沁河镇	152	7.30		群众及其他	1323	63.58
	王和镇	150	7.21		信息缺失	58	2.79
	王陶乡	140	6.73	个人月收入	1500元以下	1025	49.26
	中峪乡	150	7.21		1501—3000元	559	26.86
家庭年收入	1.5万元以下	835	40.12		3001—5000元	345	16.58
	1.5万—5万元	805	38.68		5000元以上	34	1.63
	5万—8万元	302	14.51		信息缺失	118	5.67
	8万—10万元	37	1.78	职业	务农	940	45.17
	10万元以上	11	0.53		务农兼打零工	350	16.82
	信息缺失	91	4.37		在外打工	258	12.40
家庭收入来源	农业生产	814	39.12		个体工商户	62	2.98
	工资	513	24.65		企事业单位	163	7.83
	家庭经营	119	5.72		其他	282	13.55
	在外务工	242	11.63		信息缺失	26	1.25
	其他类型	291	13.98				
	信息缺失	102	4.90				

治理沁源 131

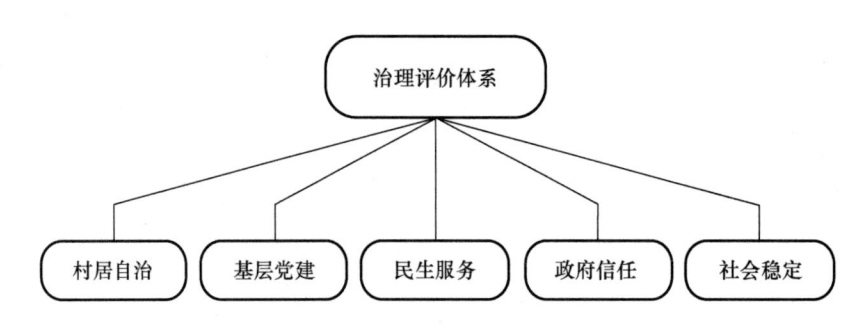

图 5-1 沁源治理的评价体系结构

（一）村居自治

村居自治是我国基层治理的重要途径与特征，发挥基层群众自治组织的功能也是推进国家治理现代化重要的实现形式。① 然而，在实际的治理实践中，基层群众自治组织的活力并未得到有效激活，致使在治理绩效的提升方面总是处于一种被动和从属的地位。因此，考察一地的社会治理，其群众自治的现状评价是不可或缺的重要指标。在对沁源的调查中，我们首先对这一维度的相关内容进行了分析。

1. 村居自治的常规性工作评价

从数据的分析结果来看，村（居）委会在履行日

---

① 周庆智：《基层社会自治与社会治理现代转型》，《政治学研究》2016 年第 4 期；郑建君：《公共参与：社区治理与社会自治的制度化——基于深圳市南山区"一核多元"社区治理实践的分析》，《学习与探索》2015 年第 3 期。

常的自治职能过程中，表现出了较高的规范性。在有关村（居）委会公共事务日常公开的调查中，财务公开和议事公开的选择比例累计高达86.98%；也就是说，事关村（居）委会日常公共事务的基本流程和信息，表现出了较高的公开透明特点（见表5-2）。而这种公开透明性，也是判断一地群众对基本公共服务供给和质量是否满意的重要预测因素。[①] 此外，在村居自治活动中，另一项重要的事项就是有关选举的。其中，除了选举的相关流程之外，选举期间针对各流程的操作是否规范、体现公平公正，也是衡量村居自治实践的重要方面。同时，作为反映社会心态的重要指标，公平因素还是连接相关预测变量与国家治理绩效感知影响关系的重要中介因素。针对此内容，我们特意设计题目调查了村居民对相关选举公平性的感知评价（满分5分），结果显示：超过七成的受访群众认为，自己所在村居的选举活动表现出较高水平的公正性，五级选项的人数频次结果如图5-2所示；总体来看，受访群众对选举公正性的评价得分均值达到3.84分（标准差为0.96），远高于组中值，$t=39.89$，$p<0.001$。

---

① 郑建君：《政府职能转变与公民公共服务满意度之关系——基于政府透明度和公民参与的实证分析》，《哈尔滨工业大学学报》（社会科学版）2017年第4期。

表 5-2　　　　　　　　村（居）委会公共事务公开情况

		频率	百分比（%）	有效百分比（%）	累积百分比（%）
有效	财务	1096	52.67	52.67	52.67
	议事	714	34.31	34.31	86.98
	社会救助事宜	190	9.13	9.13	96.11
	工程项目	81	3.89	3.89	100.00
	总计	2081	100.00	100.00	

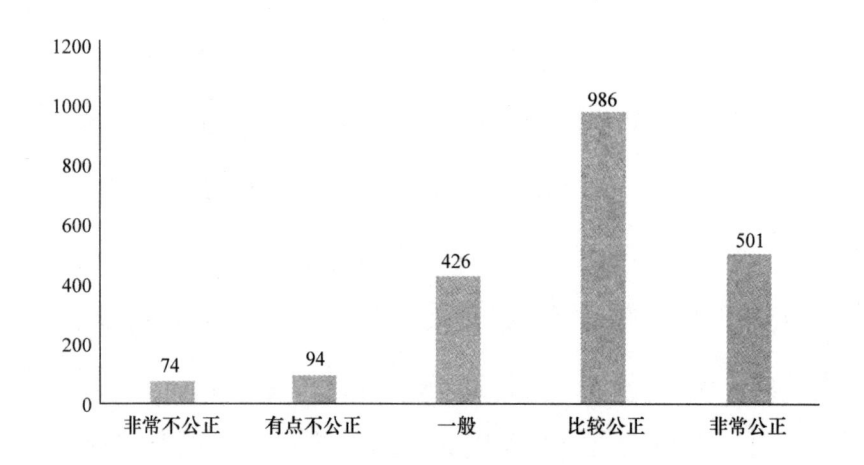

图 5-2　村（居）委会选举公正的评价

非常不公正 74；有点不公正 94；一般 426；比较公正 986；非常公正 501

2. 公民参与村居自治的情况

从激活基层群众自治组织、打造共建共治共享社会治理新格局的角度来看，基层治理的实践发展和绩效提升，离不开多元主体的共同参与，特别是公民主体的参与。对此，我们从抽象到具体、从主观到客观等多个角度对受访群众进行了调查。

首先，我们考察了沁源当地群众的公民参与状况。总体来看，在参与村居自治、社会治理事项方面，公众表现出了较高的参与性（均值为5.67，标准差为1.13）；进一步分析，当地公众的参与认知（均值为5.73，标准差为1.22）和参与行为（均值为5.61，标准差为1.23）均显著高于组均值。对于参与认知与参与实际行为之间的差异，我们发现：当地群众对参与社会治理的重要性、意义、意愿等表现出较为清晰、较高水平的认识，但在具体的参与实践上仍与认知层面存在一定的差距（$t=5.80$，$p<0.001$）。对于当地群众在公民参与上的特征表现，我们进一步从公民个体社会经济地位的角度对其稳定性和差异性进行了检验分析。一方面，在参与总体状况以及参与认知、参与行为方面，不同性别、受教育水平人群之间并不存在显著的差异，具有较高的一致性和稳定性；另一方面，对于不同政治面貌、经济状况的人群而言，上述指标的表现得分上显示出一定的差距。第一，对于不同政治面貌的群体，其在参与的总体状况、参与认知和参与行为上，均表现出显著的差异，结果见表5-3。多重比较的结果来看，党员群体不论在参与总体状况还是在参与认知与行为上，均是表现最好、得分最高的。第二，在个人收入方面，不同月均收入水平的群体，在参与总体状况与参与行为上，也表现出明显的差异（见图5-3）。其中，在公民参与的总体得分上（$F=4.98$，$p<0.01$），月均收入"3001—5000元"的

表 5-3　不同政治面貌群体在公民参与上的表现差异

		个案数	平均值	标准差	最小值	最大值	F 检验
村居民参与状况	中共党员	511	5.83	1.19	1.00	7.00	11.05***
	共青团员	189	5.45	1.21	1.50	7.00	
	群众或其他	1323	5.60	1.09	1.50	7.00	
	总计	2023	5.64	1.13	1.00	7.00	
村居民参与认知	中共党员	511	5.82	1.29	1.00	7.00	8.75***
	共青团员	189	5.39	1.41	1.00	7.00	
	群众或其他	1323	5.70	1.16	1.00	7.00	
	总计	2023	5.70	1.22	1.00	7.00	
村居民参与行为	中共党员	511	5.84	1.24	1.00	7.00	15.19***
	共青团员	189	5.50	1.22	2.00	7.00	
	群众或其他	1323	5.49	1.22	1.00	7.00	
	总计	2023	5.58	1.23	1.00	7.00	

注：* 表示 $p<0.05$、** 表示 $p<0.01$、*** 表示 $p<0.001$。

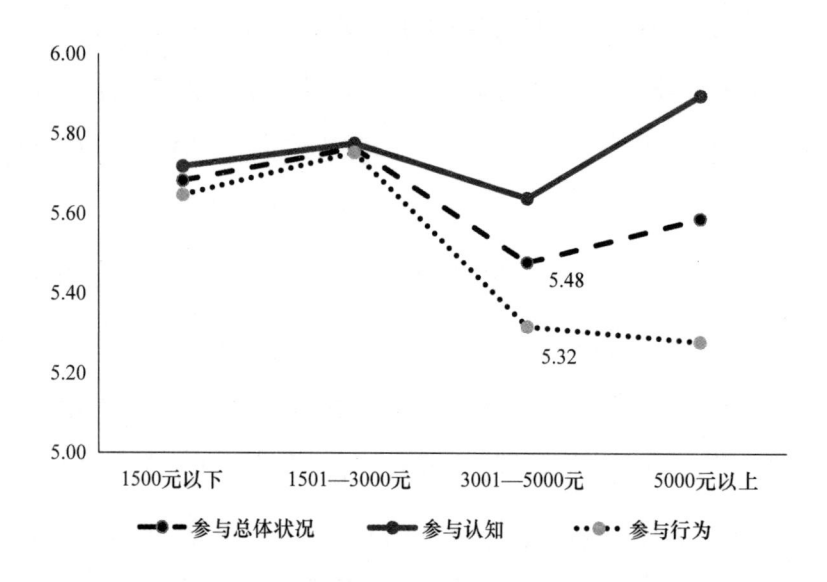

图 5-3　不同月均收入水平群体的公民参与差异比较

群体得分（$M = 5.48$、$SD = 1.01$）显著低于月均收入 3000 元以下的两个群体（$M_{1501—3000元} = 5.76$、$SD = 0.96$，$M_{1500元以下} = 5.68$、$SD = 1.19$）；而在具体的参与行为表现上（$F = 10.73$，$p < 0.001$），月均收入"3001—5000 元"的群体得分（$M = 5.32$、$SD = 1.20$）显著低于均匀收入 3000 元以下的两个群体（$M_{1501—3000元} = 5.75$、$SD = 1.07$，$M_{1500元以下} = 5.65$、$SD = 1.25$），且月均收入"1501—3000 元"的群体得分同时显著高于月均收入 5000 元以上的群体（$M = 5.28$、$SD = 1.39$）。此外，如果以家庭年均收入作为经济因素的考察指标，我们发现：在参与认知和参与行为上，存在有一个明显的分离形态，即在公民参与的认知方面，得分最高的"心动派"群体是家庭年收入"8 万元以上"的居民（$M = 5.95$、$SD = 1.03$）；但是在公民参与的行为方面，得分最高的"行动派"群体是家庭年收入"1.5 万—5 万元"的居民（$M = 5.76$、$SD = 1.13$）。

  从地方政府的角度来看，沁源从制度上也为公民参与提供了较为多样、有效的参与途径和方式。从反馈评价可知，当地群众对政府所提供的公民参与途径表现出较高水平的认同，超过八成的受访群众认为"地方政府为当地人民群众的公民参与提供了有效的途径"（具体受访者频次数据见图 5-4）。制度化公民参与，不仅为多元利益主体表达各自诉求、参与治理过程、影响决策结果等提供了有序的介入形式,同时对保持社会稳定、激活自治功能、提升治理绩效、改进决策效果等具有积极的意义。

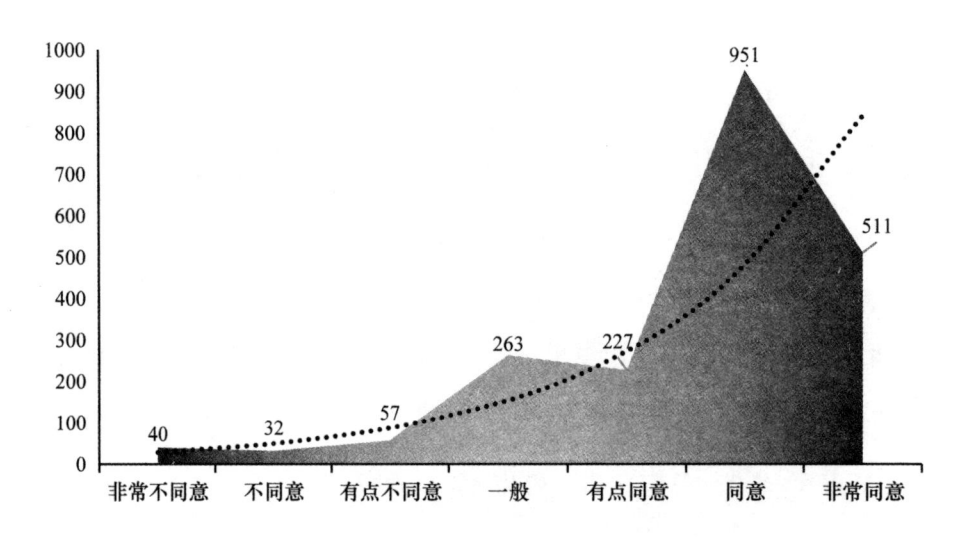

图 5-4 对政府提供制度化公民参与途径的认同评价

针对具体的参与内容,我们考察了两种类型的具体化公民参与,一种是社会型公民参与,另一种是政治型公民参与。针对第一种类型的公民参与,重点考察了当地群众在社会志愿活动中作为志愿者的参与情况,结果发现:公众参与志愿活动的比例非常高,相关参与经历的人数为1647人,约占总人数的79.14%。在具有参与志愿活动经历的受访者中,作为志愿者具有参与各类活动经验的人数,由高到低依次为:"社会救援"类的有455人,"文体娱乐"类的有415人,"环境卫生"类的有403人,"社会帮扶"类的有374

人，相关的占比数据见图5-5。针对第二种类型的公民参与，受访者中具有"积极参与政策讨论意愿"的比例达到76.65%，具有"积极参与村居自治活动意愿"的比例达到76.17%，都显示出了较高的比例。但是，在另一种形式的活动中，受访者中"参加过人大代表社区联络站举行的人大代表走访活动"的比例相对略低，其中有过参与经历的群众为1125人，占受访者人数的54.06%。

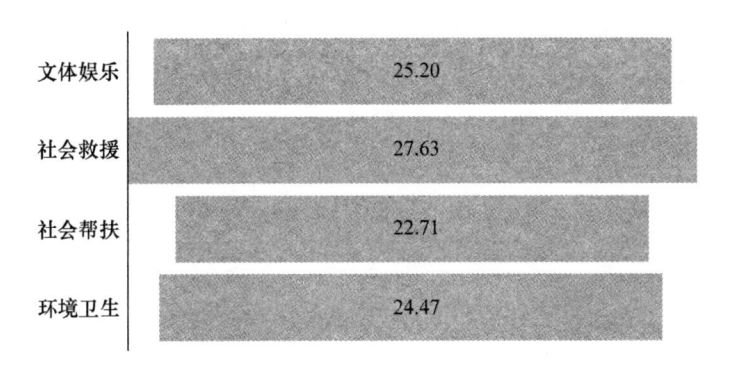

类型	比例
文体娱乐	25.20
社会救援	27.63
社会帮扶	22.71
环境卫生	24.47

图5-5 作为志愿者参与不同类型公共活动的人数比例（%）

（二）基层党建

治理绩效提升与服务创新，是国家治理体系与治理能力现代化的题中应有之义，其关键在于党的引领。[①] 特别是，在推进基层治理现代化的发展进程中，

---

① 曹海军：《党建引领下的社区治理和服务创新》，《政治学研究》2018年第1期。

要牢牢抓住基层党建工作，通过加强党的领导和党的建设，完善监督机制，提升决策效力，保证方向正确。[①] 为此，我们对沁源治理实践的评价，也将基层党建作为其考察体系之中的一个重要组成指标。有关基层党建实践，一方面，要在党中央的统一领导下开展各项基层党建工作，全面提高基层党建质量、充分发挥基层党组织作用、推动各项事业发展；另一方面，结合地方基层党组织和社会经济发展的实际情况，加强党的领导、以党建促发展，创新性地开展基层党建工作。根据第一阶段对沁源的实地调研发现和各乡镇、村居基层党组织建设的实际情况，我们专门设计了有关基层党建的问卷题目以此进行更进一步的调查。

1. 基层组织建设

对于基层党组织建设情况的评估，为了防止受访者猜测调查目的或社会赞许应答对数据结果的影响，我们设计题目时特意从反向角度切入，要求大家对"目前基层党组织建设存在的问题"进行选择，结果如图 5-6 所示：对于基层党组织建设，反映较为突出的问题主要集中在两个方面，关注着两个方面问题的人数占到受访者总数的 75.20%。具体来看，一是基层

[①] 刘展旭、董玲玲：《党的建设与国家治理现代化》，《人民论坛》2018 年第 34 期。

党组织每年的新党员发展指标较少，而申请入党的积极分子和具有入党意愿的群众较多，这是基层党组织所必须面临的，也是当地群众反映比较突出的；二是基层党组织党员年龄结构老化问题，选择这一选项的人数占到受访者的36.86%，这与我国社会经济发展和乡村人口结构的实际情况是一致的，和排在第三位的"年轻党员服务本地少"问题相对应，一些优秀的青壮年劳动人口资源可能因个人发展而离开本地。

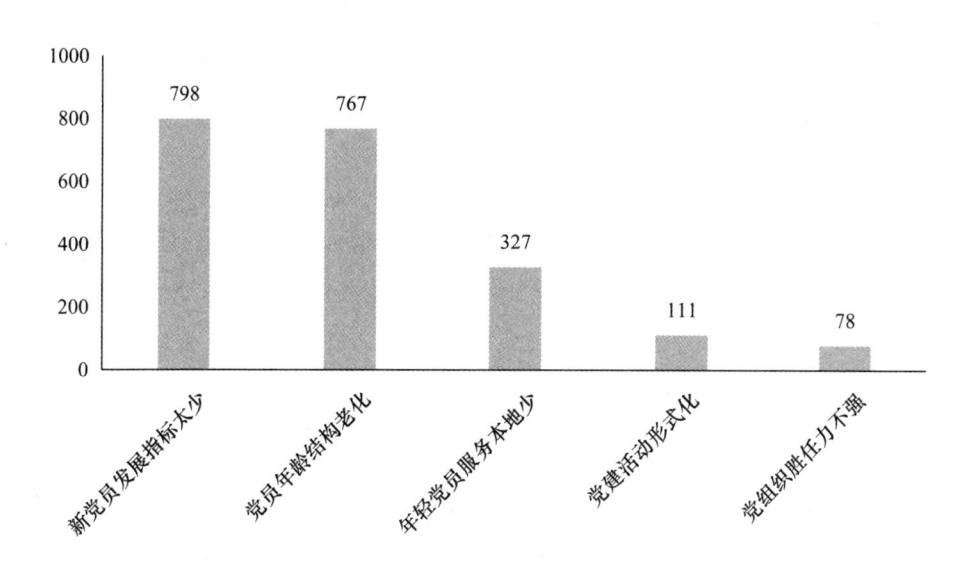

图 5-6 基层党组织建设存在的问题

当然，从现有结果我们发现，原本以为在基层党组织中会比较突出的一些问题，在沁源县境内还是表现比较好的。例如，党建活动形式化、党组织胜任力不强等，都得到了当地群众较为正面的评价和认可，反映了沁源基层党建工作形式丰富、务实有效的现有状况。对于反映比较集中的两个问题，我们进一步对其聚集人群类型进行了有效甄别。

第一，对于"新党员发展指标太少"这一问题进行检验。从年龄来看，对此问题反映最多的是中青年群体，人数分别为青年 334 人、中年 303 人，不同年龄段人数的比较显示差异显著，$\chi^2 = 145.62$、$df = 2$、$p < 0.001$；从学历来看，对此问题反映最多的是"高中及以下"群体，人数分别为"初中及以下" 436 人、"高中（含高职高专）" 207 人，不同学历层次人数的比较表现出显著的差异，$\chi^2 = 208.20$、$df = 2$、$p < 0.001$；从政治面貌来看，对此问题反映最多的是政治面貌为"群众及其他"群体，人数达到 501 人，不同政治面貌属性人数的比较显示出显著的差异，$\chi^2 = 379.43$、$df = 2$、$p < 0.001$。

第二，对于"党员结构年龄老化"这一问题进行检验。从年龄来看，对此问题反映最多的是中青年群体，人数分别为青年 337 人、中年 315 人，不同年龄段人数的比较显示差异显著，$\chi^2 = 158.60$、$df = 2$、$p < 0.001$；从学历来看，对此问题反映最多的是"高中及以下"群体，人数分别为"初中及以下" 399 人、"高中（含高职高专）" 270 人，不同学历层次人数的比较表现出显著的差异，$\chi^2 = 196.64$、$df = 2$、$p < 0.001$；从政治面貌看，对此问题反映最多的是政治面

貌为"中共党员"和"群众及其他"这两个群体，人数分别为"中共党员"226 人、"群众及其他"473 人，不同政治面貌属性人数的比较显示出显著的差异，$\chi^2 = 361.70$、$df = 2$、$p < 0.001$。

2. 党员发展

发展党员，是基层党建工作中非常重要的一个内容，也是入党积极分子和群众对基层党组织形成评价非常重要的参考要素。为此，我们根据在沁源基层党组织的实地走访调查，汇总了影响党员发展的可能因素进行题目设计。对于收集到的数据进行探索性因素分析，结果显示：Bartlett 球形检验结果为 5196.45，且 $p < 0.001$，KMO 度量的结果值为 0.83，可以进行探索性因素分析。运用主成分分析法、Kaiser 正态最大方差正交旋转对影响发展党员的因素题目进行探索性因素分析。在特征根值大于 1、共同度和因素载荷大于 0.5 的标准下，结合碎石图判断，最终通过降维获得了 2 个维度（结果见表 5-4）。在对维度进行概括命名时发现：汇聚在"维度一"下面的 4 个项目，主要反映了被发展对象的社会经济等背景，我们称为"组织外因素"；而汇聚在"维度二"下面的 3 个项目，主要反映了被发展对象自身的基本情况，包括学历、能力、个人表现等因素，我们称为"组织内因素"。

表5-4　党员发展影响因素结构的探索性因素分析

项目编号	组织外因素		组织内因素	
	载荷值	共同度	载荷值	共同度
1	0.86	0.75	0.10	
2	0.81	0.67	0.12	
3	0.67	0.57	0.36	
4	0.58	0.56	0.48	
5	0.06		0.85	0.72
6	0.23		0.81	0.71
7	0.49		0.61	0.61
特征根值	2.47		2.13	
解释量（%）	35.25		30.43	
总解释量（%）	65.68			

随后，将当地群众对"组织内因素"和"组织外因素"这两类因素在党员发展过程中的重要程度打分情况进行了比较，结果显示：根据日常的实际情况进行判断，人们认为"组织内因素"对于发展党员而言更为重要，对其评价的得分要显著高于那些所谓的"组织外因素"，$t=24.89$，$p<0.001$（见图5-7）。由此可以看出，当地在基层党组织建设过程中，特别是在党员发展工作的开展上，能够严格按照党员发展的基本要求对入党积极分子进行培养，对预备党员进行教育和选拔，从而给当地群众留下深刻的印象，形成明确的认知。反映个人品行才能的相关要素，才是真正影响、决定能否被成功列为党员发展对象并最终成为预备党员的主要因素。例如，受访群众认为

被发展对象的个人能力，对本村居的贡献以及自身的学历水平等具有重要作用的人数比例，分别占到总受访者人数的 84.72%、81.69% 和 77.17%。而那些无关因素，在发展党员过程中并不能真正发挥实质性作用。

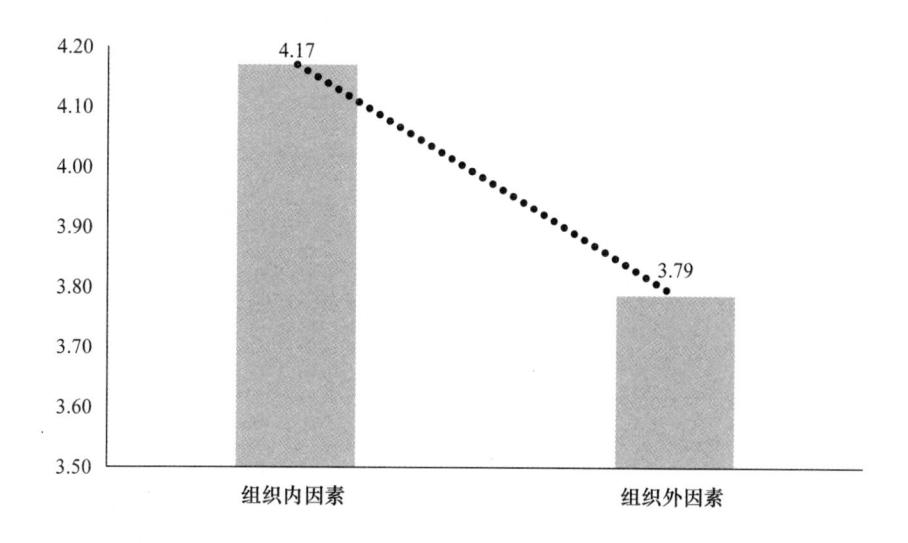

图 5-7　影响党员发展两类影响因素重要程度的差异比较

为了检验公众对发展党员影响因素重要性差异认知的稳定性，我们还进一步对不同群体的表现进行了分析。这里，我们分别从性别、年龄和家庭年收入三个指标对受访者进行人群划分，进而对两种影响党员发展的因素的重要性认知得分进行差异比较。结果显示：在不同性别群体、不同年龄段（"18—45 岁"定义为青年、"46—60 岁"定义为中年、"61 岁以上"定义为老年）和不同家庭年收入水平的群体中，受访者均表现出对反映个人德行才干等内容的"组织内因素"的高度认可,其评价得分显著高于那些"组织外因素"(结果见表5-5),这一特征在不同类别的群体中具有高度的一致性和稳定性。

表5-5 不同性别、年龄和家庭年收入群体的表现差异检验

指标	类别人群	检验对象	均值	标准差	T检验
性别	男	组织内因素	4.20	0.67	19.74***
		组织外因素	3.82	0.81	
	女	组织内因素	4.13	0.68	15.80***
		组织外因素	3.74	0.84	
年龄	青年	组织内因素	4.17	0.66	19.10***
		组织外因素	3.72	0.82	
	中年	组织内因素	4.19	0.70	13.59***
		组织外因素	3.86	0.83	
	老年	组织内因素	4.10	0.72	8.04***
		组织外因素	3.72	0.81	
家庭年收入	1.5万元以下	组织内因素	4.09	0.72	13.99***
		组织外因素	3.74	0.82	
	1.5万—5万元	组织内因素	4.18	0.64	16.84***
		组织外因素	3.77	0.81	
	5万—8万元	组织内因素	4.37	0.67	10.25***
		组织外因素	3.97	0.89	
	8万元以上	组织内因素	4.49	0.54	5.62***
		组织外因素	3.81	0.95	

注:* 表示 $p<0.05$、** 表示 $p<0.01$、*** 表示 $p<0.001$。

3. 基层组织干部

"办好中国的事情,关键在党,关键在人,关键

在人才。"特别是在如何做好组织工作方面,习近平总书记多次强调,要建设一支高素质的干部队伍。对于我们的基层党组织建设,更要强调干部选拔的高标准、严要求,要做到"信念坚定、为民服务、勤政务实、敢于担当、清正廉洁"。为此,我们对村、社区党支部书记的选拔情况进行了调查,以期从"当地群众"的视角来映照沁源基层党建和干部工作的样貌。

针对2081名受访者的数据分析显示,当地群众对基层支部书记的选拔标准评价,主要集中在三个方面,分别是人品能力、政治可靠和上级认可,这三项的选择人数比例达到92.22%。特别是人品能力和政治可靠这两项选项,人数分别为1154人和574人,占受访群众总数的八成以上(具体结果见表5-6)。通过群众认可的选拔评价标准,可以很好地反映沁源当地在基层支部书记、主要干部选拔配备上的基本情况,说明这一地区的基层党建工作中严谨扎实的工作作风与较高程度的群众认可。

表5-6　　　　对村(社区)支部书记选拔的标准评价

		频率	百分比(%)	有效百分比(%)	累积百分比(%)
有效	经济实力	96	4.61	4.61	4.61
	家族支持	66	3.17	3.18	7.78
	上级认可	191	9.18	9.18	16.96

续表

		频率	百分比（%）	有效百分比（%）	累积百分比（%）
有效	政治可靠	574	27.58	27.58	44.55
	人品能力	1154	55.45	55.45	100.00
	总计	2081	100.00	100.00	

当地群众对于村（社区）支部书记的选拔标准的认同排序，是否在不同的分类结构群体中存在差异。对此，我们对分组样本数据进行了进一步的分析比对。总体来看，不同政治面貌、家庭年均收入、学历和年龄等指标下的各个群体，人们对于基层支部书记的选拔标准评价排序持完全一致的看法，即将人品能力、政治可靠和上级认可排在优势位置。各个不同群体的具体排序形态表现见图5-8、图5-9、图5-10和图5-11。

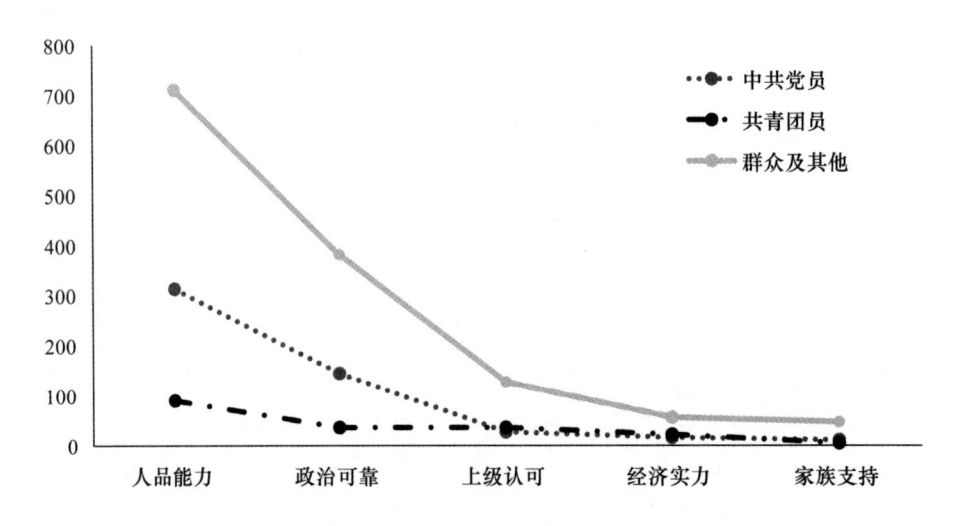

图5-8 不同政治面貌群体对基层支部书记选拔标准的认可评价

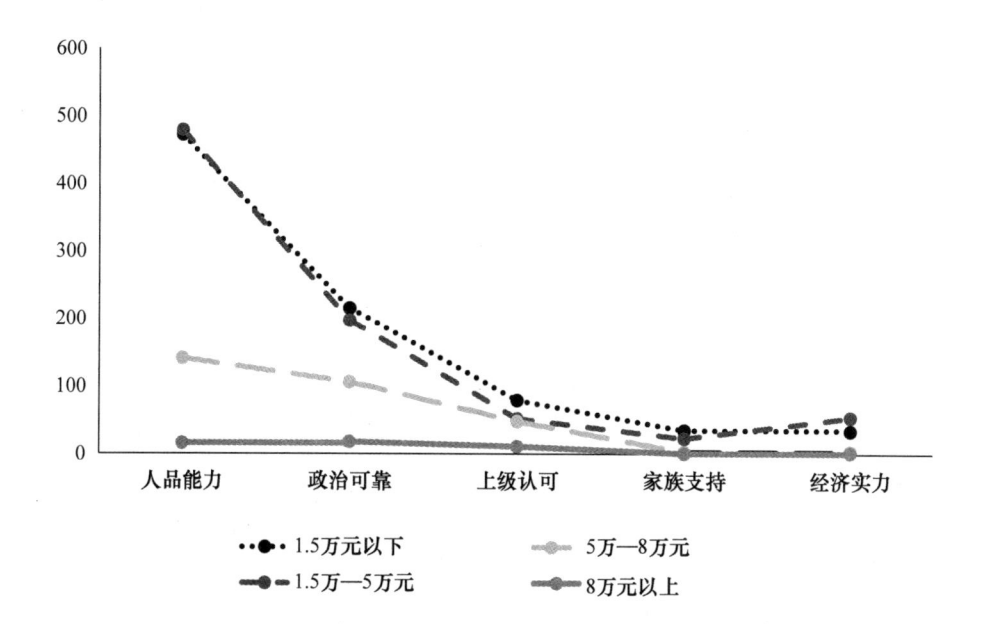

图 5-9 不同家庭收入群体对基层支部书记选拔标准的认可评价

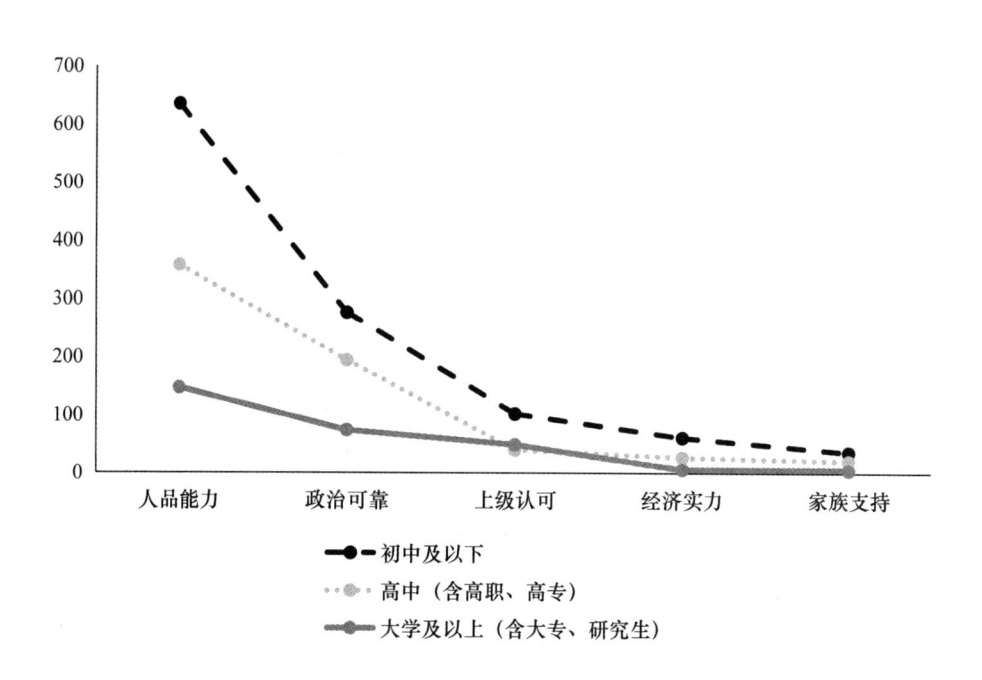

图 5-10 不同学历群体对基层支部书记选拔标准的认可评价

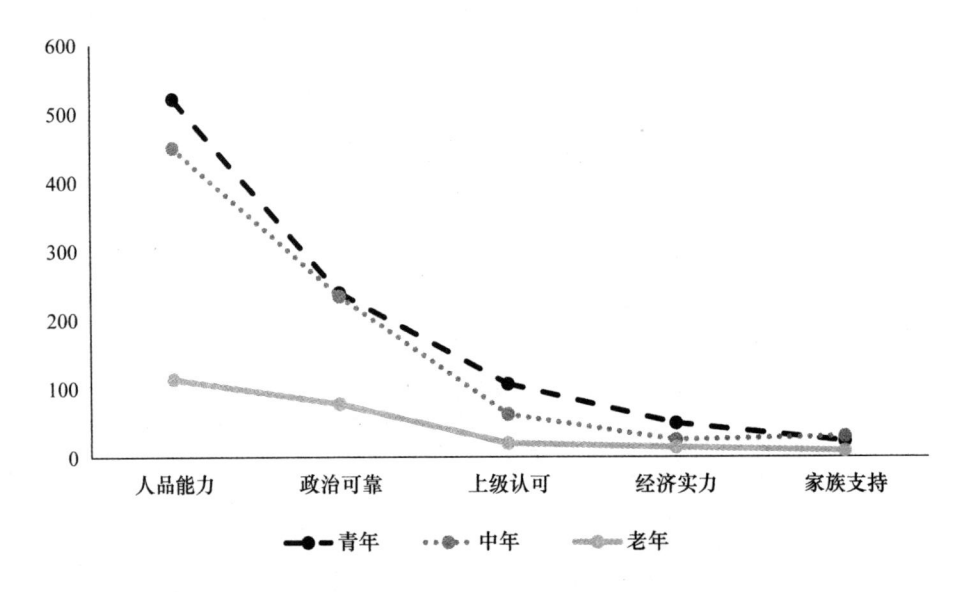

图 5-11　不同年龄群体对基层支部书记选拔标准的认可评价

（三）民生服务

民生发展，不仅是衡量社会制度与治理体系优劣的核心指标，同时还决定了民心、国运。[①] 其中，以民生改善为导向的社会治理，是一种典型的将治理与城乡公共服务实践相整合的过程。[②] 因此，任何时候去评价国家治理体系与治理能力，都不能忽略民生这一内容。特别是在农村地区，民生能够改善，直接与现代

[①] 郑功成：《民生巨变与中国制度及治理体系的事实逻辑》，《中国党政干部论坛》2019 年第 12 期。

[②] 陈浩天：《农村公共服务：基层政府治理的民生意蕴》，《行政科学论坛》2014 年第 2 期。

社会治理是否成功转型密切相关。① 基本公共服务作为民生系统的重要组成，不仅表现了公众通过公共服务产品所产生的满足或满意程度，同时也显现了在此框架中基层治理的绩效水平，是对其治理体系与治理能力现代化水平的一种度量。当然，在基层治理的具体实践中，对民生服务的测量和评价并不是一个简单的经济或建设问题，其中还涉及一些主观感知内容，包括民生改善领域的优先重要性、社会公平正义等，特别是要结合基层的实际情况。② 对此，我们将从三个方面对其进行深入分析。

1. 公共服务需求

治理现代化的一个重要特征在于，公共服务供给不再是一种粗放型决策的执行结果，而是基于多元利益主体的需求所实施的一种精准化的准定制服务模式。那么，我们对于不同地区、不同人群所需要的公共服务产品，必须要有一个摸底，搞清楚老百姓的需求在哪里、最需要何种类型和形式的公共服务产品。

---

① 余敏江、何植民：《基于民生改善的农村社会治理转型》，《理论探讨》2016年第5期。

② 周庆智：《改革与转型：中国基层治理四十年》，《政治学研究》2019年第1期；郑建君：《聚焦社会公平：新型城镇化发展现状及其影响效应研究——基于东、西部地区农民群体的调查比较》，《哈尔滨工业大学学报》（社会科学版）2016年第4期；郑建君、赵东东：《公共服务满意度的影响机制及作用条件——基于江苏、贵州两省的实证分析》，《山西大学学报》（哲学社会科学版）2019年第1期。

在我们的调查中发现，当地群众对于所列出的六大公共服务产品，其需求的强烈程度，在排序上呈现出三个梯次。处在第一梯次的公共服务需求有两大类，也是我们传统意义上的民生压力的主要表现方面，即教育和医疗，选择这两项的人数分别为442人和435人，占受访者总数的21.24%和20.90%。处在第二梯次的公共服务需求也有两大类，分别是养老服务需求和基础建设需求，选择这两项的人数分别为387人和357人，占受访者总数的18.60%和17.16%。从这一结果来看，符合当下城乡发展的实际，特别是农村地区青壮年人口向城镇转移、物质文化需要得到不断满足，传统的养老模式不再能够适应现实需要，出现对养老公共服务产品供给的需求；同时，中国特色社会主义进入新时代，我国社会的主要矛盾发生转变，人民群众对美好生活的需求日益提升，在城镇化持续推进的情况下，公众对更高质量、更高水平的基础设施有了更多的需求。处在第三梯次的公共服务需求主要集中在两个方面，即公共安全和公共文化生活，选择这两个选项的人数分别为249人和211人，占受访者总数的11.97%和10.14%。公共安全是影响公众安全感体验的重要因素，也是影响公众获得感体验和达成幸福感知的重要条件；而公共文化生活的需求，从需求的层次来讲，是在物质生存需求得到满足之后更高层次的精神文化需要，是中国公民对美好生活向往的具体表现。下面，我们将重点对不同群体公众对基本公共服务的需求状况予以描述，并进行简单比较检验。

表5-7　　　　　　　　公众对基本公共服务的需求

		频率	百分比（%）	有效百分比（%）	累积百分比（%）
有效	公共安全	249	11.97	11.97	11.97
	基础设施	357	17.16	17.16	29.12
	公共文化生活	211	10.14	10.14	39.26
	养老	387	18.59	18.60	57.86
	义务教育	442	21.24	21.24	79.10
	医疗	435	20.90	20.90	100.00
	总计	2081	100.00	100.00	

对不同性别的受访者而言，可能会因其所承担的社会、家庭角色差异而对基本公共服务的需求有所不同。从我们的调查发现来看，不同性别的公众，其对基层公共服务的需求确实表现出不同的形态。具体而言，在第一梯次的公共服务需求上，男性集中在养老和教育上，而女性则集中在教育和医疗两个方面；在第二梯次的公共服务需求上，男性集中在医疗和基础设计上，而女性则集中在养老和基础设计两个方面；在第三梯次的公共服务需求上，男性和女性的表现基本相同，都集中在公共安全和公共文化生活上，只是

在排序上略有差别（结果见表5-8）。

表5-8　　　　不同性别群体对基本公共服务的需求

	男性		女性	
	频率	百分比（%）	频率	百分比（%）
公共安全	156	12.43	91	11.22
基础设施	236	18.81	119	14.68
公共文化生活	109	8.69	98	12.08
养老	271	21.59	114	14.06
义务教育	243	19.36	198	24.41
医疗	240	19.12	191	23.55
总计	1255	100.00	811	100.00

以年龄作为群体分类标准，对青年、中年和老年三个群体的基本公共服务需求进行排序检验，其结果与总体的分布排序显现出较大区别。具体来看（结果见表5-9），对于青年群体而言，排在第一梯次位置的公共服务需求分别是义务教育和基础设施类型的需求，排在第二梯次位置的公共服务需求分别是医疗和公共安全类型的需求，排在第三梯次位置的公共服务需求分别是公共文化生活和养老类型的需求；对于中年群体而言，排在第一梯次位置的公共服务需求分别是医疗和养老类型的需求，排在第二梯次位置的公共服务需求分别是义务教育和基础设施类型的需求，排在第三梯次位置的公共服务需求分别是公共文化生活

表 5-9　　　　　　不同年龄群体对基本公共服务的需求

	青年		中年		老年	
	频率	百分比（%）	频率	百分比（%）	频率	百分比（%）
公共安全	135	14.39	85	10.61	19	8.15
基础设施	191	20.36	115	14.36	33	14.16
公共文化生活	98	10.45	87	10.86	18	7.73
养老	97	10.34	184	22.97	86	36.91
义务教育	266	28.36	133	16.60	25	10.73
医疗	151	16.10	197	24.59	52	22.32
总计	938	100.00	801	100.00	233	100.00

和公共安全类型的需求；对于老年群体而言，排在第一梯次位置的公共服务需求分别是养老和医疗类型的需求，排在第二梯次位置的公共服务需求分别是基础设施和义务教育类型的需求，排在第三梯次位置的公共服务需求分别是公共安全和公共文化生活类型的需求。进一步将每个群体排在第一位的公共服务需求予以比较，能够发现不同年龄层次的公众的聚焦，表现出明显的年龄特征。例如，青年群体最关注涉及义务教育类型的公共服务（28.36%），中年群体最关注涉及医疗类型的公共服务（24.59%），而老年群体最关注涉及养老类型的公共服务（36.91%）。

根据个体接受教育的程度，将受访者划分为三类人群，并对他们的基本公共服务需求排序进行比较，结果显示：不同学历层次的群体在公共服务需求上具有较大的差异，体现了他们各自的利益关切（见表5-10）。具体来看，"初中及以下"学历的群体，其第一梯次公共服务的需求分别为医疗和义务教育类型的需求，第二梯次公共服务的需求分别为养老和基础设施类型的需求，第三梯次公共服务的需求分别是公共安全和公共文化生活类型的需求；"高中（含高职、高专）"学历的群体，其第一梯次公共服务的需求分别为基础设施和义务教育类型的需求，第二梯次公共服务的需求分别为医疗和养老类型的需求，第三梯次公共服务的需求分别是公共安全和公共文化生活类型的需求；"大学（含大专、研究生）"学历的群体，其第一梯次公共服务的需求分别为义务教育和基础设施类型的需求，第二梯次公共服务的需求分别为养老和医疗类型的需求，第三梯次公共服务的需求分别是公共安全和公共文化生活类型的需求。同时，上述三个学历层次的群体，其首位关注的公共服务也各不相同。例如，"初中及以下"学历的群体首要关注医疗，"高中（含高职、高专）"学历的群体首要关注基础设施，而"大学（含大专、研究生）"学历的群体首要关注义务教育。

表 5-10　　　　　　不同学历群体对基本公共服务的需求

	初中及以下		高中 （含高职、高专）		大学 （含大专、研究生）	
	频率	百分比（%）	频率	百分比（%）	频率	百分比（%）
公共安全	141	12.70	67	10.47	37	13.17
基础设施	156	14.05	149	23.28	49	17.44
公共文化生活	111	10.00	61	9.53	36	12.81
养老	214	19.28	107	16.72	40	14.23
义务教育	224	20.18	130	20.31	79	28.11
医疗	264	23.79	126	19.69	40	14.23
总计	1110	100.00	640	100.00	281	100.00

根据家庭年均收入的多少，将受访者划分为四个类型，其中 5 万元以下的两个类型相对比较接近，而 5 万元以上的两个类型对基本公共服务的需求相对趋同（结果见表 5-11）。具体来看，对于家庭年均收入"1.5 万元以下"的群体，基本公共服务需求排在第一梯次的分别是义务教育和医疗类型的需求，排在第二梯次的分别是养老和基础设施类型的需求，排在第三梯次的分别是公共安全和公共文化生活类型的需求；对于家庭年均收入"1.5 万—5 万元"的群体，基本公共服务需求排在第一梯次的分别是医疗和义务教育类型的需求，排在第二梯次的分别是基础设施和养老类型的需求，排在第三梯次的分别是公共安全和公共文化生活类型的需求；对于家庭年均收入"5 万—8 万

元"的群体,基本公共服务需求排在第一梯次的分别是义务教育和养老类型的需求,排在第二梯次的分别是基础设施和医疗类型的需求,排在第三梯次的分别是公共安全和公共文化生活类型的需求;对于家庭年均收入"8万元以上"的群体,基本公共服务需求排在第一梯次的分别是义务教育和养老类型的需求,排在第二梯次的分别是基础设施和医疗类型的需求,排在第三梯次的分别是公共文化生活和公共安全类型的需求。对于排在首位的公共服务需求,四类人群趋同一致,除家庭年均收入为"1.5万—5万元"的群体为医疗类型需求之外,其他三种类型的都是义务教育方面的需求。

表5-11　　　不同家庭年收入群体对基本公共服务的需求

	1.5万元以下		1.5万—5万		5万—8万		8万元以上	
	频率	百分比(%)	频率	百分比(%)	频率	百分比(%)	频率	百分比(%)
公共安全	110	13.17	96	11.93	35	11.59	3	6.25
基础设施	147	17.60	147	18.26	48	15.89	7	14.58
公共文化生活	85	10.18	96	11.93	22	7.28	4	8.33
养老	148	17.72	127	15.78	65	21.52	13	27.08
义务教育	173	20.72	157	19.50	86	28.48	15	31.25
医疗	172	20.60	182	22.61	46	15.23	6	12.50
总计	835	100.00	805	100.00	302	100.00	48	100.00

2. 扶贫攻坚

"让贫困人口和贫困地区同全国一道进入全面小康社会是我们党的庄严承诺",也是彰显我们国家治理能力水平和中国智慧的重要形式。在此过程中,不仅需要发挥党委政府的主导作用,同时还要积极调动其他社会、市场主体参与其中,真正使贫困人口在物质、精神和心理上脱贫。在此,我们向受访者询问,他们认为在脱贫攻坚的过程中发挥作用最大的主体是哪一个。数据统计的频次结果显示(详见图5-12):受访者中超过五成的公众认为,政府在脱贫攻坚中发挥的作用最大;而仅有132名受访者认为"企业(公司)主体发挥的作用最大",约占受访者总数的6.34%。由图5-12可以发现:沁源当地的受访群众,认为在脱贫攻坚过程中发挥作用最大的还是政府和基层群众自治组织,共计1664人,占到受访总人数的79.96%;其后,认为"个人致富能力"作用最大的受访者285人,占总数比例13.70%。除此之外,我们还从学历、经济和年龄三个指标对受访者进行了分类,以了解不同群体对这一问题的认知和理解。

以学历进行群体划分,其结果与总体数据的结果相一致,三种受教育水平的群体均认为政府在脱贫攻坚过程中发挥的作用最大,之后依次是村(居)委会、个人和企业(公司),结果见表5-12。以个人月均收入进行人

160 国家智库报告

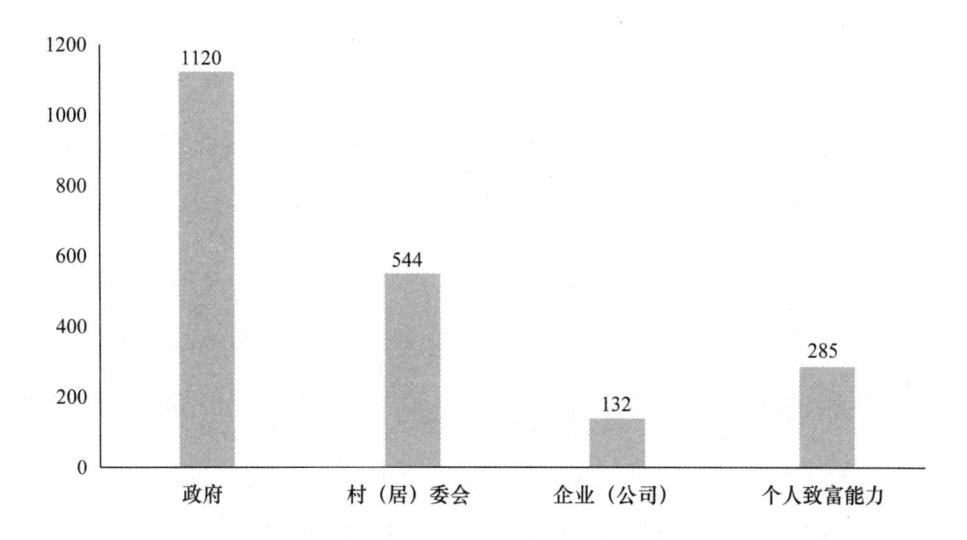

```
1200 ┤ 1120
1000 ┤  ■
 800 ┤  ■
 600 ┤  ■    544
 400 ┤  ■    ■           285
 200 ┤  ■    ■    132    ■
   0 ┴  政府  村(居)委会  企业(公司)  个人致富能力
```

图 5-12 脱贫攻坚中发挥作用最大的主体

群划分，其结果显示：除月均收入为"5000元以上"的群体外，其他三个群体对脱贫攻坚中发挥作用最大的主体选择，人数比例由高到低依次为政府、村（居）委会、个人和企业（公司），结果见表 5-13。以年龄进行人群划分，青年、中年和老年三个群体的选择结果与总体数据的结果保持一致（见表 5-14）。

表 5-12　不同学历群体对脱贫攻坚中作用最大主体的评价

	初中及以下		高中（含高职、高专）		大学（含大专、研究生）	
	频率	百分比（%）	频率	百分比（%）	频率	百分比（%）
政府	604	54.41	343	53.59	155	55.16
村（居）委会	290	26.13	176	27.50	52	18.51

续表

	初中及以下		高中（含高职、高专）		大学（含大专、研究生）	
	频率	百分比（%）	频率	百分比（%）	频率	百分比（%）
企业（公司）	70	6.31	39	6.09	21	7.47
个人	146	13.15	82	12.81	53	18.86
总计	1110	100.00	640	100.00	281	100.00

表5-13　不同个人月收入群体对脱贫攻坚中作用最大主体的评价

	1500元以下		1501—3000元		3001—5000元		5000元以上	
	频率	百分比（%）	频率	百分比（%）	频率	百分比（%）	频率	百分比（%）
政府	543	52.98	299	53.49	224	64.93	24	70.59
村（居）委会	279	27.22	127	22.72	76	22.03	9	26.47
企业（公司）	64	6.24	41	7.33	19	5.51	1	2.94
个人	139	13.56	92	16.46	26	7.54	0	0.00
总计	1025	100.00	559	100.00	345	100.00	34	100.00

表5-14　不同年龄群体对脱贫攻坚中作用最大主体的评价

	青年		中年		老年	
	频率	百分比（%）	频率	百分比（%）	频率	百分比（%）
政府	503	53.62	437	54.56	134	57.51
村（居）委会	235	25.05	211	26.34	64	27.47
企业（公司）	68	7.25	47	5.87	13	5.58
个人	132	14.07	106	13.23	22	9.44
总计	938	100.00	801	100.00	233	100.00

3. 归属认同

民生改善、公共服务质量提升，其最终的结果不仅体现在对美好生活的需求满足和体验增强，同时还会使个体与其所处的生活单元之间形成更强的心理关联，进而产生更高水平的归属认同。这里我们采用了村（社区）认同这一指标，并借鉴相关研究的测量方式，[①] 通过功能认同和情感认同两个维度，对公众与村（社区）之间的心理关联进行检验。其中，功能认同强调公众对村（社区）功能的满意和认可程度，而情感认同强调居民与村（社区）的情感联结以及在情感层面上对村（社区）的接纳和认可。

统计分析的结果显示（见表 5-15），公众对其所在的村或社区具有较高的认同水平，其得分均值达到了 4.91 分（满分 6 分）。具体来看，受访者对其所在村或社区的情感认同得分略高于其功能认同，差异检验显示，情感认同（5.03 分）与功能认同（4.82 分）之间的得分差异显著（$t=16.03$、$p<0.001$）。也就是说，受访群众对其所在的村或社区的情感认同远远要高于功能认同。后续将功能认同、情感认同以及认同的总得分，与其对应的组中值进行比较，结果发现：功能认同（$t=67.29$）、情感认同（$t=82.46$）及认同总得

[①] 辛自强、凌喜欢：《城市居民的社区认同：概念、测量及相关因素》，《心理研究》2015 年第 5 期。

分（$t = 78.50$），均显著地高于组中值，$ps < 0.001$。随后，我们重点从个人月均收入和学历两个指标，比较了不同群体在村（社区）认同上的感知差异。

表 5 – 15　　　　受访者对村（社区）认同的描述统计结果

	N	最小值	最大值	均值	标准差
功能认同	2081	1	6	4.82	0.89
情感认同	2081	1	6	5.03	0.85
村（社区）认同	2081	1	6	4.91	0.82

对个人月均收入不同水平群体在功能认同、情感认同和村（社区）认同总得分上的差异进行检验，结果显示：在功能认同（$F = 6.41$、$p < 0.001$）、情感认同（$F = 2.80$、$p < 0.05$）和村（社区）认同总得分（$F = 5.04$、$p < 0.01$）上，个人月均收入的不同水平的群体之间，存在显著的差异。多重比较的结果显示（见表 5 – 16 和表 5 – 17）：在功能认同上，个人月均收入为"1501—3000 元"的群体得分，显著高于月均收入为"1500 元以下"和"3001—5000 元"的群体。同样，在情感认同上，个人月均收入为"1501—3000 元"的群体得分，显著高于月均收入为"1500 元以下"和"3001—5000 元"的群体。而在村（社区）认同的总得分上，个人月均收入为"1501—3000 元"的群体得分，显著高于月均收入为"1500 元以下"的群体。

表 5-16　不同个人月均收入群体在村（社区）认同上的描述统计结果

		平均值	标准差	标准误	最小值	最大值
功能认同	1500 元以下	4.77	0.96	0.03	1.00	6.00
	1501—3000 元	4.93	0.82	0.03	1.50	6.00
	3001—5000 元	4.69	0.89	0.05	2.25	6.00
	5000 元以上	4.97	0.66	0.11	3.00	6.00
	总计	4.81	0.91	0.02	1.00	6.00
情感认同	1500 元以下	4.99	0.92	0.03	1.00	6.00
	1501—3000 元	5.12	0.80	0.03	1.67	6.00
	3001—5000 元	4.99	0.79	0.04	2.67	6.00
	5000 元以上	4.96	0.59	0.10	3.33	6.00
	总计	5.03	0.86	0.02	1.00	6.00
村（社区）认同	1500 元以下	4.87	0.89	0.03	1.00	6.00
	1501—3000 元	5.01	0.75	0.03	2.00	6.00
	3001—5000 元	4.82	0.79	0.04	2.86	6.00
	5000 元以上	4.97	0.58	0.10	3.43	6.00
	总计	4.90	0.83	0.02	1.00	6.00

对学历不同群体在功能认同、情感认同和村（社区）认同总得分上的差异进行检验，结果显示：在功能认同（$F=6.48$、$p<0.01$）、情感认同（$F=9.60$、$p<0.001$）和村（社区）认同总得分（$F=8.73$、$p<0.001$）上，不同学历的群体之间，存在显著的差异。多重比较的结果显示（见表 5-18 和表 5-19）：在功能认同、情感认同和村（社区）认同总得分上，"初中及以下"学历群体的得分，均显著低于"高中

(含高职、高专)""大学(含大专、研究生)"两个学历群体的相应得分。

表 5-17 不同个人月均收入群体在村(社区)认同上的多重比较结果

因变量			平均值差值	标准误	显著性
功能认同	1500 元以下	1501—3000 元	-0.16*	0.05	0.001
		3001—5000 元	0.08	0.06	0.136
		5000 元以上	-0.20	0.16	0.211
	1501—3000 元	1500 元以下	0.16*	0.05	0.001
		3001—5000 元	0.24*	0.06	0.000
		5000 元以上	-0.04	0.16	0.814
	3001—5000 元	1500 元以下	-0.08	0.06	0.136
		1501—3000 元	-0.24*	0.06	0.000
		5000 元以上	-0.28	0.16	0.084
	5001 元以上	1500 元以下	0.20	0.16	0.211
		1501—3000 元	0.04	0.16	0.814
		3001—5000 元	0.28	0.16	0.084
情感认同	1500 元以下	1501—3000 元	-0.12*	0.05	0.006
		3001—5000 元	0.00	0.05	0.956
		5000 元以上	0.03	0.15	0.839
	1501—3000 元	1500 元以下	0.12*	0.05	0.006
		3001—5000 元	0.12*	0.06	0.039
		5000 元以上	0.15	0.15	0.308
	3001—5000 元	1500 元以下	0.00	0.05	0.956
		1501—3000 元	-0.12*	0.06	0.039
		5000 元以上	0.03	0.15	0.829
	5000 元以上	1500 元以下	-0.03	0.15	0.839
		1501—3000 元	-0.15	0.15	0.308
		3001—5000 元	-0.03	0.15	0.829

续表

因变量			平均值差值	标准误	显著性
村（社区）认同	1500 元以下	1501—3000 元	-0.14*	0.04	0.001
		3001—5000 元	0.05	0.05	0.365
		5000 元以上	-0.10	0.15	0.490
	1501—3000 元	1500 元以下	0.14*	0.04	0.001
		3001—5000 元	0.19*	0.06	0.001
		5000 元以上	0.04	0.15	0.760
	3001—5000 元	1500 元以下	-0.05	0.05	0.365
		1501—3000 元	-0.19*	0.06	0.001
		5000 元以上	-0.15	0.15	0.326
	5001 元以上	1500 元以下	0.10	0.15	0.490
		1501—3000 元	-0.04	0.15	0.760
		3001—5000 元	0.15	0.15	0.326

注：* 表示 $p<0.05$、** 表示 $p<0.01$、*** 表示 $p<0.001$。

表 5-18　不同学历群体在村（社区）认同上的描述统计结果

		平均值	标准差	标准误	最小值	最大值
功能认同	初中及以下	4.75	0.97	0.03	1.00	6.00
	高中（含高职、高专）	4.90	0.81	0.03	1.25	6.00
	大学（含大专、研究生）	4.88	0.81	0.05	2.25	6.00
	总计	4.82	0.90	0.02	1.00	6.00
情感认同	初中及以下	4.96	0.93	0.03	1.00	6.00
	高中（含高职、高专）	5.14	0.75	0.03	2.67	6.00
	大学（含大专、研究生）	5.08	0.73	0.04	2.67	6.00
	总计	5.04	0.85	0.02	1.00	6.00
村（社区）认同	初中及以下	4.84	0.90	0.03	1.00	6.00
	高中（含高职、高专）	5.01	0.72	0.03	1.86	6.00
	大学（含大专、研究生）	4.96	0.71	0.04	2.86	6.00
	总计	4.91	0.83	0.02	1.00	6.00

表 5-19　不同学历群体在村（社区）认同上的多重比较结果

因变量			平均值差值	标准误	显著性
功能认同	初中及以下	高中（含高职、高专）	-0.15*	0.04	0.001
		大学（含大专、研究生）	-0.12*	0.06	0.037
	高中（含高职、高专）	初中及以下	0.15*	0.04	0.001
		大学（含大专、研究生）	0.03	0.06	0.684
	大学（含大专、研究生）	初中及以下	0.12*	0.06	0.037
		高中（含高职、高专）	-0.03	0.06	0.684
情感认同	初中及以下	高中（含高职、高专）	-0.18*	0.04	0.000
		大学（含大专、研究生）	-0.12*	0.06	0.037
	高中（含高职、高专）	初中及以下	0.18*	0.04	0.000
		大学（含大专、研究生）	0.06	0.06	0.309
	大学（含大专、研究生）	初中及以下	0.12*	0.06	0.037
		高中（含高职、高专）	-0.06	0.06	0.309
村（社区）认同	初中及以下	高中（含高职、高专）	-0.16*	0.04	0.000
		大学（含大专、研究生）	-0.12*	0.05	0.026
	高中（含高职、高专）	初中及以下	0.16*	0.04	0.000
		大学（含大专、研究生）	0.04	0.06	0.481
	大学（含大专、研究生）	初中及以下	0.12*	0.05	0.026
		高中（含高职、高专）	-0.04	0.06	0.481

注：* 表示 $p<0.05$、** 表示 $p<0.01$、*** 表示 $p<0.001$。

（四）政府信任

政府信任是公民与政府及其系统之间的关联性描述，体现了公众对政府相关构成及关联要素的心理预期与评价。以往的研究显示，政府信任与基层治理绩效之间存在有显著的相关，公众对基层政府的信任水平越高，则基层治理的绩效与提升水平越高。① 此外，作为一种连接个体与政府之间关系的心理资源，有一种观点从心理契约的视角对各层级的政府信任进行解释。② 基于此观点可知，公众对政府的信任水平越高，表明两个主体之间的心理契约越稳固，而这种默契关系会对政府显现出更高的支持水平。结合上述两种观点，我们从党（委）政（府）信任和基层政府信任两个维度对受访者的政府信任进行了测量，以此作为考察沁源治理实践的一个指标。

对受访者的党（委）政（府）信任结果进行统计，结果发现：当地群众对党（委）政（府）的信任水平较高，在满分为6分的测量中，受访者得分的均值达到5.11、标准差为0.87，远高于其组中值，$t=83.96$、$p<0.001$。根据党（委）政（府）信任问卷的具体测量题目，分解后对每一道题目单独进行统计，结果如表5-20所示：受访者对每一道题目所描述内容持有肯定信任态度的人数比例均超过总受访人数的九成。按照六点计分进行统计，"党和政府树立的

---

① 李小勇、谢治菊：《村民政府信任与乡村治理绩效：理论阐释与实证表达》，《学习论坛》2013年第9期。
② 彭川宇、黄莹：《心理契约：差序政府信任的一种解释——基于〈2015年中国城乡社会治理〉调查数据的结构方程建模》，《黑龙江社会科学》2018年第6期。

模范党员、干部具有非常高的威信"题目的得分均值为4.95（标准差为1.09），"党和政府有为老百姓主持公道的愿望"题目的得分均值为5.17（标准差为0.93），"党和政府的政策确实是真心实意关心老百姓的"题目的得分均值为5.16（标准差为1.02），"党和政府在老百姓的心里威信很高"题目的得分均值为5.08（标准差为1.04），"党和政府有能力为老百姓主持公道"题目的得分均值为5.19（标准差为0.99）。

表5-20　受访者对党（委）政（府）信任的频次统计结果

	信任		不信任	
	频次	频率	频次	频率
党和政府树立的模范党员、干部具有非常高的威信	1886	90.63	195	9.37
党和政府有为老百姓主持公道的愿望	1989	95.58	92	4.42
党和政府的政策确实是真心实意关心老百姓的	1947	93.56	134	6.44
党和政府在老百姓的心里威信很高	1959	94.14	122	5.86
党和政府有能力为老百姓主持公道	1974	94.86	107	5.14

此外，调查还引入了对"地方政府信任"直接测量的题目（相关结果见图5-13），结果显示：受访者对地方政府的信任得分为5.18（标准差为1.10）；同样，与其组中值进行比较，二者之间具有显著的差异，$t=69.82$、$p<0.001$。将针对地方政府的信任与针对党

（委）政（府）的信任总得分进行比较，结果显示：当地群众对地方政府的信任水平，要显著高于对整体的党（委）政（府）信任的得分水平，$t=3.48$、$p<0.01$。

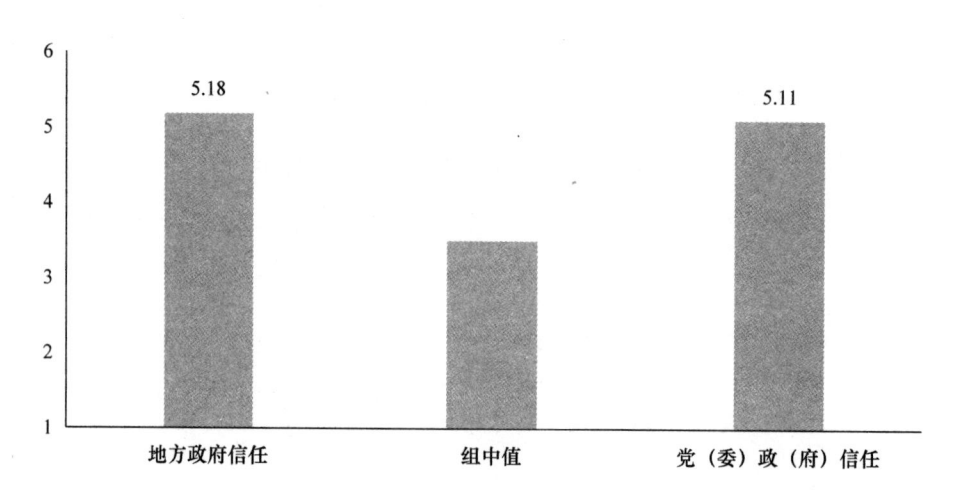

图 5-13 地方政府信任、党（委）政（府）信任、组中值的比较

对我们所关注的人口学变量指标和党（委）政（府）信任、地方政府信任进行相关统计分析，结果如表 5-21 所示：性别与党（委）政（府）信任、地方政府信任相关显著；政治面貌与党（委）政（府）信任、地方政府信任相关显著；年龄与党（委）政（府）信任、地方政府信任相关不显著；学历与党（委）政（府）信任相关不显著，与地方政府信任相关显著；个人月收入与党（委）政（府）信任、地方政府信任相关显著；家庭年收入与党（委）政（府）信任、地方政府信任相关显著。后续，将根据相关分析结果进行不同群体的差异显著检验。

表 5-21　　各变量之间的相关分析矩阵

	性别	政治面貌	年龄	学历	个人月收入	家庭年收入	党（委）政（府）信任	地方政府信任
性别	1.00							
政治面貌	0.14**	1.00						
年龄	-0.13**	-0.11**	1.00					
学历	0.05*	-0.10**	-0.35**	1.00				
个人月收入	-0.15**	0.02	-0.22**	0.43**	1.00			
家庭收入	-0.09**	-0.02	-0.23**	0.42**	0.73**	1.00		
党（委）政（府）信任	-0.05*	-0.07**	0.02	0.04	-0.05*	-0.05*	1.00	
地方政府信任	-0.05*	-0.05*	-0.03	0.13**	0.11**	0.12**	0.57**	1.00

注：*表示 $p<0.05$、**表示 $p<0.01$、***表示 $p<0.001$。

对不同性别群体在党（委）政（府）信任和地方政府信任两项调查上的得分差异进行检验，结果显示：男性群体比女性群体表现出了更高水平的党（委）政（府）信任（$F=5.90$、$p<0.05$）和地方政府信任（$F=5.94$、$p<0.05$）水平。具体来看，男性的党（委）政（府）信任和地方政府信任的得分均值分别为 5.14 和 5.23（标准差分别为 0.87 和 1.06），而女性的党（委）政（府）信任和地方政府信任的得分均值分别为 5.05 和 5.11（标准差分别为 0.88 和 1.13）。

对不同政治面貌的群体在党（委）政（府）信任和地方政府信任两项调查上的得分差异进行检验（描

述统计结果见图 5-14），结果显示：在党（委）政（府）信任（$F=9.72$、$p<0.001$）和地方政府信任（$F=6.32$、$p<0.01$）上，政治面貌为"中共党员"的人群的得分显著高于其他两个群体。而在不同学历群体中，仅仅是在地方政府信任的得分上表现出显著的差异，$F=16.30$、$p<0.001$；多重比较的结果显示：学历为"初中及以下"（均值为 5.05、标准差为 1.23）、"高中（含高职、高专）"（均值为 5.26、标准差为 0.94）和"大学（含大专、研究生）"（均值为 5.43、标准差为 0.83）的三类群体，两两之间的比较均表现出显著的差异。

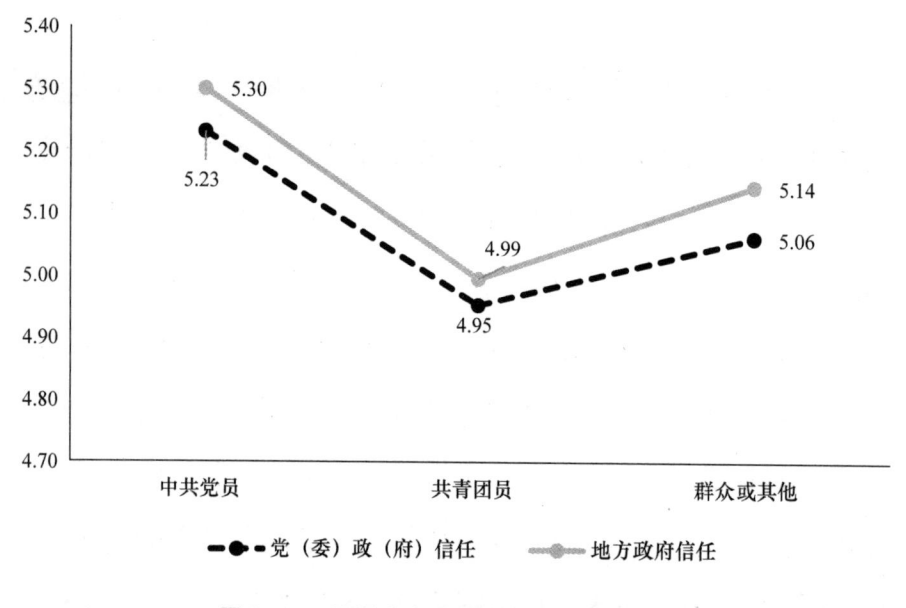

图 5-14 不同政治面貌群体的政府信任比较

对不同个人月均收入水平的群体在政府信任上的表现差异进行检验，结果显示（详见表5-22和表5-23）：在党（委）政（府）信任（$F=7.59$、$p<0.001$）和地方政府信任（$F=9.33$、$p<0.001$）两个方面，不同个人月均收入水平的群体之间差异显著。多重比较的结果显示：在党（委）政（府）信任方面，个人月均收入为"3001—5000元"的群体得分，要显著低于个人月均收入为"1500元以下"和"1501—3000元"的两个群体。在地方政府信任方面，个人月均收入为"1500元以下"群体得分，要显著低于个人月均收入为"1501—3000元"和"3001—5000元"的两个群体。

表5-22　不同个人月均收入群体在政府信任上的描述统计结果

		平均值	标准差	标准误	最小值	最大值
党（委）政（府）信任	1500元以下	5.11	0.90	0.03	1.00	6.00
	1501—3000元	5.19	0.86	0.04	1.00	6.00
	3001—5000元	4.91	0.83	0.04	1.80	6.00
	5000元以上	5.13	0.75	0.13	3.40	6.00
	总计	5.10	0.88	0.02	1.00	6.00
地方政府信任	1500元以下	5.07	1.18	0.04	1.00	6.00
	1501—3000元	5.30	1.06	0.04	1.00	6.00
	3001—5000元	5.38	0.82	0.04	3.00	6.00
	5000元以上	5.35	1.07	0.18	2.00	6.00
	总计	5.20	1.09	0.02	1.00	6.00

表 5-23　不同个人月均收入群体在政府信任上的多重比较结果

因变量			平均值差值	标准误	显著性
党（委）政（府）信任	1500 元以下	1501—3000 元	-0.08	0.05	0.077
		3001—5000 元	0.20*	0.05	0.000
		5001 元以上	-0.02	0.15	0.903
	1501—3000 元	1500 元以下	0.08	0.05	0.077
		3001—5000 元	0.28*	0.06	0.000
		5001 元以上	0.06	0.15	0.685
	3001—5000 元	1500 元以下	-0.20*	0.05	0.000
		1501—3000 元	-0.28*	0.06	0.000
		5001 元以上	-0.22	0.16	0.162
	5000 元以上	1500 元以下	0.02	0.15	0.903
		1501—3000 元	-0.06	0.15	0.685
		3001—5000 元	0.22	0.16	0.162
地方政府信任	1500 元以下	1501—3000 元	-0.22*	0.06	0.000
		3001—5000 元	-0.30*	0.07	0.000
		5001 元以上	-0.28	0.19	0.141
	1501—3000 元	1500 元以下	0.22*	0.06	0.000
		3001—5000 元	-0.08	0.07	0.283
		5001 元以上	-0.06	0.19	0.771
	3001—5000 元	1500 元以下	0.30*	0.07	0.000
		1501—3000 元	0.08	0.07	0.283
		5001 元以上	0.02	0.20	0.903
	5000 元以上	1500 元以下	0.28	0.19	0.141
		1501—3000 元	0.06	0.19	0.771
		3001—5000 元	-0.02	0.20	0.903

注：*表示 $p<0.05$、**表示 $p<0.01$、***表示 $p<0.001$。

对不同家庭年收入水平的群体在政府信任方面的

表现差异进行检验,结果显示(详见表 5-24 和表 5-25):在党(委)政(府)信任($F=8.77$、$p<0.001$)和地方政府信任($F=10.44$、$p<0.001$)两个方面,不同家庭年收入水平的群体之间差异显著。多重比较的结果显示:在党(委)政(府)信任方面,家庭年收入为"1.5 万—5 万元"的群体得分,显著高于家庭年收入为"1.5 万元以下"和"5 万—8 万元"的群体;同时,家庭年收入为"5 万—8 万元"的群体得分,还显著低于家庭年收入为"1.5 万元以下"的群体。在地方政府信任方面,家庭年收入为"1.5 万元以下"的群体得分,显著低于其他三个群体;同时,家庭年收入为"1.5 万—5 万元"的群体得分,显著低于家庭年收入为"5 万—8 万元"的群体。

表 5-24　不同家庭年收入群体在政府信任上的描述统计结果

		平均值	标准差	标准误	最小值	最大值
党(委)政(府)信任	1.5 万元以下	5.10	0.93	0.03	1.00	6.00
	1.5 万—5 万元	5.19	0.83	0.03	1.00	6.00
	5 万—8 万元	4.89	0.81	0.05	1.80	6.00
	8 万元以上	4.99	0.72	0.10	3.00	6.00
	总计	5.10	0.87	0.02	1.00	6.00
地方政府信任	1.5 万元以下	5.04	1.19	0.04	1.00	6.00
	1.5 万—5 万元	5.23	1.07	0.04	1.00	6.00
	5 万—8 万元	5.42	0.83	0.05	3.00	6.00
	8 万元以上	5.38	1.10	0.16	1.00	6.00
	总计	5.18	1.10	0.02	1.00	6.00

表5-25 不同家庭年收入群体在政府信任上的多重比较结果

因变量			平均值差值	标准误	显著性
党（委）政（府）信任	1.5万元以下	1.5万—5万元	-0.09*	0.04	0.031
		5万—8万元	0.20*	0.06	0.001
		8万元以上	0.11	0.13	0.397
	1.5万—5万元	1.5万元以下	0.09*	0.04	0.031
		5万—8万元	0.30*	0.06	0.000
		8万元以上	0.20	0.13	0.118
	5万—8万元	1.5万元以下	-0.20*	0.06	0.001
		1.5万—5万元	-0.30*	0.06	0.000
		8万元以上	-0.09	0.13	0.488
	8万元以上	1.5万元以下	-0.11	0.13	0.397
		1.5万—5万元	-0.20	0.13	0.118
		5万—8万元	0.09	0.13	0.488
地方政府信任	1.5万元以下	1.5万—5万元	-0.19*	0.05	0.000
		5万—8万元	-0.38*	0.07	0.000
		8万元以上	-0.33*	0.16	0.039
	1.5万—5万元	1.5万元以下	0.19*	0.05	0.000
		5万—8万元	-0.18*	0.07	0.013
		8万元以上	-0.14	0.16	0.383
	5万—8万元	1.5万元以下	0.38*	0.07	0.000
		1.5万—5万元	0.18*	0.07	0.013
		8万元以上	0.04	0.17	0.803
	8万元以上	1.5万元以下	0.33*	0.16	0.039
		1.5万—5万元	0.14	0.16	0.383
		5万—8万元	-0.04	0.17	0.803

注：* 表示 $p<0.05$、** 表示 $p<0.01$、*** 表示 $p<0.001$。

（五）社会稳定

国家安全、社会稳定，是我们决胜全面小康社会、努力实现"两个一百年"奋斗目标的基础和前提。习近平总书记曾强调："国泰民安是人民群众最基本、最普遍的愿望。"没有安定团结的社会局面，我们的发展也就无从谈起了。特别是中国特色社会进入新时代，社会和谐稳定、国家长治久安，是关系中华民族伟大复兴的重要因素，也是影响推进国家治理体系与治理能力现代化必须考虑的关键要素。因此，在对沁源治理实践的考量过程中，我们基于公众感知的角度对社会稳定的情况进行了调查分析。

首先，我们对当地群众面对的日常矛盾纠纷的类型进行了调查。从统计的结果来看，民生类问题是当地社会矛盾纠纷的主要爆发点，有四成的矛盾纠纷集中在"邻里、亲友"之间。那么，当生活中遇到一些矛盾纠纷的时候，普通公众更倾向于采用何种方式和途径去解决呢？从数据分析的结果可以发现（见表5-26）：当地群众更多会选择"人民调解"方式对相关矛盾纠纷予以解决，选择此项内容的受访者占到总数的52.23%，以后依次是"找政府部门"（26.57%）、"法律途径"（14.51%）、"找有关社会组织"（5.29%）和"上访"（1.39%）。

表 5-26　　　　　　　　群众解决矛盾纠纷的首选途径

		频率	百分比（%）	有效百分比（%）	累积百分比（%）
有效	人民调解	1087	52.23	52.23	52.23
	找政府部门	553	26.57	26.57	78.81
	找有关社会组织	110	5.29	5.29	84.09
	法律途径	302	14.51	14.51	98.61
	上访	29	1.39	1.39	100.00
	总计	2081	100.00	100.00	

对于这种解决矛盾纠纷的优先偏好选择，我们进一步从年龄、个人收入和学历三个方面进行了深入分析。第一，在年龄方面，不同年龄段的群体的选择偏好存在较大差异，$\chi^2 = 26.87$、$df = 8$、$p < 0.01$。从表 5-27 可知，"人民调解"仍然是不同年龄群体的首选，但是在后续的选择上，青年群体选择"找政府部门"的比例明显低于另外两个群体，而选择"法律途径"的比例则明显高于另外两个群体。第二，在收入方面，不同个人月均收入的群体的选择偏好存在较大差异，$\chi^2 = 35.55$、$df = 12$、$p < 0.001$。从表 5-28 可知，除"人民调解"作为不同收入群体的首选项之外，高收入群体选择"找政府部门"的比例明显高于其他三个群体。第三，在学历方面，不同学历群体的

选择偏差存在较大差异，$\chi^2 = 43.12$、$df = 8$、$p < 0.001$。从表5－29可知，除了将"人民调解"作为首选之外，高学历群体较其他两个群体更偏好选择"法律途径"解决矛盾纠纷而非"找政府部门"。

表5－27　　　　不同年龄群众解决矛盾纠纷的首选途径

	青年		中年		老年	
	频次	百分比（%）	频次	百分比（%）	频次	百分比（%）
人民调解	471	50.21	441	55.06	125	53.65
找政府部门	225	23.99	223	27.84	66	28.33
找有关社会组织	57	6.08	38	4.74	15	6.44
法律途径	170	18.12	90	11.24	22	9.44
上访	15	1.60	9	1.12	5	2.15
总计	938	100.00	801	100.00	233	100.00

表5－28　　　　不同个人收入群众解决矛盾纠纷的首选途径

	1500元以下		1501—3000元		3001—5000元		5001元以上	
	频次	百分比（%）	频次	百分比（%）	频次	百分比（%）	频次	百分比（%）
人民调解	564	55.02	273	48.84	194	56.23	20	58.82
找政府部门	274	26.73	136	24.33	70	20.29	10	29.41
找有关社会组织	36	3.51	45	8.05	27	7.83	1	2.94
法律途径	139	13.56	91	16.28	52	15.07	3	8.82
上访	12	1.17	14	2.50	2	0.58	0	0.00
总计	1025	100.00	559	100.00	345	100.00	34	100.00

表 5-29　　　　　不同学历群众解决矛盾纠纷的首选途径

	初中及以下		高中（含高职、高专）		大学（含大专、研究生）	
	频次	百分比（%）	频次	百分比（%）	频次	百分比（%）
人民调解	610	54.95	338	52.81	124	44.13
找政府部门	300	27.03	164	25.63	57	20.28
找有关社会组织	46	4.14	37	5.78	24	8.54
法律途径	138	12.43	95	14.84	69	24.56
上访	16	1.44	6	0.94	7	2.49
总计	1110	100.00	640	100.00	281	100.00

此外，结合我们第一阶段的实地走访调查还发现，"人民调解"这一方式，在沁源的运用效果非常显著，很多社会矛盾纠纷通过基层村镇一级的"调解"，最终上交到县级调解机构的案件数量呈逐渐下降的趋势。有关这一点，也可以从沁源县司法局的相关数据统计结果中获知（图5-15）。除2018年较2017年县级矛盾纠纷调解案件数量有微弱上升外（由164件/月上升为168件/月），其他各个年份的下降变化在15—35件/月之间，其均值为22.6件。截至2018年，较2014年下降了34.38%。

对于维护社会稳定依靠的手段和方法，我们给出了六个备选项，从受访群众的选择结果来看（见表5-30），我们将选择人数超过20%的选项作为纳入第一梯队的标准，结果显示：在第一选择中，进入第一

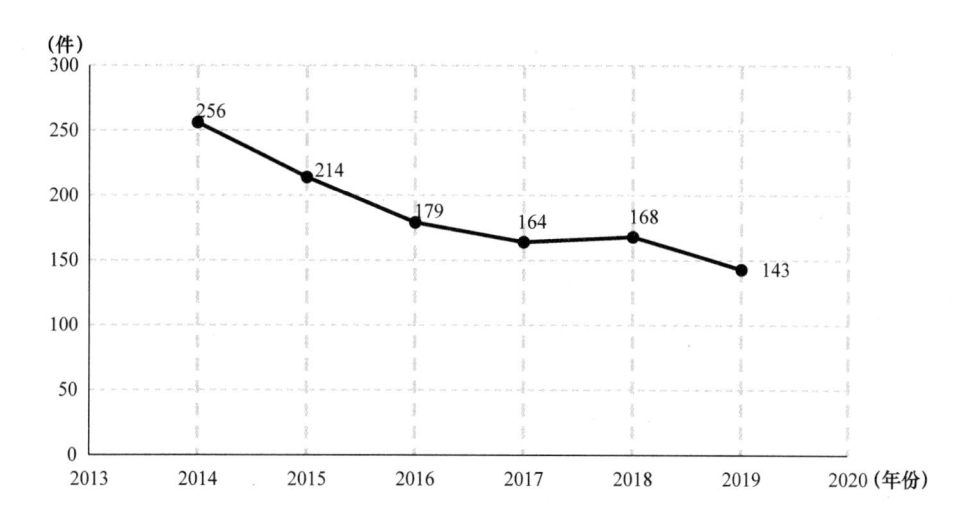

图 5-15 2014—2019 年度月均案件数

表 5-30 维护社会稳定的依靠手段

	第一选择 频次	第一选择 百分比（%）	第二选择 频次	第二选择 百分比（%）	第三选择 频次	第三选择 百分比（%）	总体选择 频次	总体选择 百分比（%）
政府政策	1362	67.09	7	0.36	10	0.52	1379	23.39
道德规范	524	25.81	654	33.62	28	1.46	1206	20.45
公序良俗	31	1.53	267	13.73	113	5.88	411	6.97
法律法规	101	4.98	868	44.63	508	26.44	1477	25.05
社会主义核心价值观教育	6	0.30	141	7.25	612	31.86	759	12.87
人民调解	6	0.30	8	0.41	650	33.84	664	11.26
总计	2030	100.00	1945	100.00	1921	100.00	5896	100.00

梯队的主要有两个，即政府政策和道德规范；在第二选择中，进入第一梯队的主要有两个，即法律法规和道德规范；在第三选择中，进入第一梯队的主要有三

个,即人民调解、社会主义核心价值观教育和法律法规。综合三次选择的结果,在总体结果中进入第一梯队的结果包括三项:法律法规、政府政策和道德规范。从以上结果中可以看出,沁源治理实践在维护社会稳定所秉持的基本路径,即以政府为主导、法治与德治相结合的一种基本形态,这也是当地群众形成安全感重要的认知来源。

当然,对于上述基本路径的稳定性,有必要对其进一步地检验。为此,我们选择了传统价值取向这一指标。通过将受访者在传统价值取向指标上的得分按照"$M ± 1SD$"的标准划分为高分组与低分组,分别考察高分组和低分组在"维护社会稳定的依靠手段"题目上的判断结果,并与总体数据结果加以比较分析。对于传统价值取向低分组,其排在第一梯队的选项比例由高到低依次为法律法规(23.63%)、政府政策(21.52%)和道德规范(19.78%);对于传统价值观取向高分组,其排在第一梯队的选项比例由高到低依次为法律法规(25.64%)、政府政策(22.09%)和道德规范(20.61%)。结果如表5-31和表5-32所示,从最终的总体选择结果来看,基于总体受访对象数据分析结果所形成的判断依然成立,即以政府为主导、法治与德治相结合的社会稳定维护路径。

表 5-31 传统价值取向低分组对"维护社会稳定依靠手段"的选择

	第一选择		第二选择		第三选择		总体选择	
	频次	百分比(%)	频次	百分比(%)	频次	百分比(%)	频次	百分比(%)
政府政策	173	64.55	0	0.00	0	0.00	173	21.52
道德规范	66	24.63	89	33.21	4	1.49	159	19.78
公序良俗	6	2.24	64	23.88	12	4.48	82	10.20
法律法规	23	8.58	88	32.84	79	29.48	190	23.63
社会主义核心价值观教育	0	0.00	27	10.07	81	30.22	108	13.43
人民调解	0	0.00	0	0.00	92	34.33	92	11.44
总计	268	100.00	268	100.00	268	100.00	804	100.00

表 5-32 传统价值取向高分组对"维护社会稳定依靠手段"的选择

	第一选择		第二选择		第三选择		总体选择	
	频次	百分比(%)	频次	百分比(%)	频次	百分比(%)	频次	百分比(%)
政府政策	174	61.70	2	0.74	4	1.52	180	22.09
道德规范	87	30.85	77	28.62	4	1.52	168	20.61
公序良俗	3	1.06	29	10.78	9	3.41	41	5.03
法律法规	13	4.61	142	52.79	54	20.45	209	25.64
社会主义核心价值观教育	2	0.71	18	6.69	89	33.71	109	13.37
人民调解	3	1.06	1	0.37	104	39.39	108	13.25
总计	282	100.00	269	100.00	264	100.00	815	100.00

那么，在维护良好社会秩序的过程中，各个主体的责任应当如何体现？通过调查我们发现：公众认为维护良好社会秩序的第一责任主体，应当是政府；而

在第二选择中,公民个人和基层群众自治组织的作用被凸显出来。总体来看,政府部门、公民个人和村(居)委会是排在较前位置的责任主体,而社会组织与企业(公司)这两类社会治理参与主体的责任并未被公众意识到并受到重视(结果见表5-33)。

表5-33　　　　维护良好社会秩序的主要责任主体

	第一选择		第二选择		总体选择	
	频次	百分比(%)	频次	百分比(%)	频次	百分比(%)
企业(公司)	109	5.24	10	0.48	119	2.86
政府部门	1492	71.70	82	3.94	1574	37.82
社会组织	175	8.41	251	12.06	426	10.24
公民个人	168	8.07	1100	52.86	1268	30.47
村(居)委会	137	6.58	638	30.66	775	18.62
总计	2081	100.00	2081	100.00	4162	100.00

作为国家治理的基础支撑和重要组成部分,基层社会治理实践是"构建基层社会治理新格局"的关键环节,其发展与创新决定了国家治理体系与治理能力现代化推进的程度与水平。在考察沁源治理实践的过程中,沁源县委、县政府始终坚持"以人民为中心"的发展理念,结合自身县情,带领全县广大干部群众实事求是、广纳善言、俯身奋进、开拓创新,正在谱写着"沁源治理实践"的动人篇章。

六 治理沁源：中国县域治理现代化的创新样本

实现国家治理体系和治理能力现代化，这个问题，理论上能说得明白——很多研究者已经从古今中外、进退取舍等方面说得比较清楚，但在经验层面，却未必能够理出头绪。也就是说，概念上的或理想型的国家治理现代化，具有引领实践的作用，但任何顶层设计都不能罔顾地方社会的经验现实，与生活当中的社会事实离得太远。这不仅仅是个学理上的问题，更本质的，也许是从经验中寻求创见，从经验中总结出解决问题的方法和道路。从另一方面讲，有什么样的地方治理，就有什么样的国家治理。中国的地方治理实践是丰富多样的而且是有待深入阐释的实践经验，这是中国地方治理变革的关键所在，因为地方治理在国家治理体系中具有基础性地位，实质上反映的是国家治理的有效性和治理能力。

沁源县经济社会各项事业迈出坚实步伐，呈现出厚积薄发的强劲态势。正如沁源县委书记在 2020 年 1 月 20 日召开的全县三级干部暨劳模表彰大会上强调指出，沁源实践充分证明，绿色立县战略符合时代发展要求、顺应县域发展实际、契合群众期盼和意愿，走出了一条具有沁源特色的治理现代化发展之路。作为中国县域治理的典型经验样本，沁源治理创新实践的意义正在于此。

图 3　沁源县三级干部暨劳模表彰大会

（一）沁源治理探索的理论意义

当今中国，无论是政治改革或者经济社会改革，大致都是从地方试验获得实践依据的，或者说，很多有生命力的改革都是在地方社会先出现，这是中国改革的特色。治理（governance）本质上是"地方性的"①，亦即治理以地方民众为中心，管理公共事务，维护公共秩序，提供公共产品和公共服务，这个过程或目标的实现是众多不同利益组织化形式（政府组织、民营组织、社会组织和民间的公民组织等各种组织的网络体系）共同发挥作用的结果，它涉及政府与市场、政府与社会的关系，针对的是地方政府与企业组织之间、政府组织与民间社会之间广泛的合作与伙伴关系。沁源治理丰富多样的创新实践对中国县域治理现代化的理论贡献就在这个意义上。

第一，良好的政治生态是善治（good governance）的根本保证。党的十八大以来，习近平总书记多次强调，"做好各方面工作，必须有一个良好政治生态"。政治生态就是各类政治主体生存发展的环境和状态，是政治制度、政治文化、政治生活等要素相互作用的结果，是党风、政风、社会风气的综合反映，影响着党员干部的价值取向和为政行为。沁源的创新之处，

---

① 所谓地方性，是指"在一定的贴近公民生活的多层次复合的地理空间内，依托于政府组织、民营组织、社会组织和民间的公民组织等各种组织的网络体系，共同完成和实现公共服务和社会事务管理的过程，以达成以公民发展为中心的，面向公民需要服务的，积极回应环境变化的，使地方富有发展活力的新型社会管理体系"。参见孙柏瑛《当代发达国家地方治理的兴起》，《中国行政管理》2003年第4期。

就是以"绿色立县"发展战略为中心,把政治生态建设集中落实在组织建设和制度建设上:一是营造良好政治生态常态化、制度化。(1)全面落实党风廉政建设责任制。以主体责任落实带动各方面责任落实,深入推进廉政风险防范,发挥审计、监察职能作用,加强对重要领域、重点工程和关键环节的监督管理,坚决纠正损害群众利益的不正之风,严肃查办违纪违法案件。(2)严格落实八项规定等要求,严管"三公经费"管理,强化预算约束,制定实施财政支出绩效评价管理办法,把有限的资金更多地用在改善民生、推动发展上,把政府的廉洁从政与廉政责任制的落实与提高政府效能紧密连接起来。(3)创新干部教育和管理形式,采取集中学习、专题培训、实践锻炼等形式,深入开展政治理论、政策法规、经济金融、农业等方面的培训,全面提升党员领导干部队伍综合素质。二是推动党的组织生活制度化、经常化、规范化。严格执行民主集中制,形成心齐气顺的政治氛围,积极开展批评和自我批评;严明政治纪律和政治规矩,即严格遵守党章,严格执纪;坚持正确用人导向,严格把握标准,重点是从严把关,从严管理监督干部。三是增强基层党组织政治功能和组织力。创新"五分工作法",以实施"绿色立县,建设美丽沁源"发展战略为中心,充分发挥并不断强化高质量党建引领高质量转型发展的重要作用，不断提高基层党组织战斗力、凝聚力、号召力、执行力，把基层党组织建设成为宣传党的主张、贯彻党的决定、领导基层治理、团结动员群众、推动改革发展的坚强战斗堡垒。

第二，把治理体系优势转化为治理效能。党的十九届四中全会提出推动各方面制度更加成熟、更加定型，把我国制度优势更好地转化为国家治理效能。如何把制度优势转化为治理效能，沁源治理创新实践为我们提供了一个典型的经验样本，其意义在于：一是公共权力运行的制度化和规范化。治理体系就是规范社会权力运行和维护公共秩序的一系列制度和程序。它包括规范行政行为、市场行为和社会行为的一系列制度和程序，政府治理、市场治理和社会治理是现代国家治理体系中三个最重要的次级体系。治理体系的现代化，就是要形成制度化、体系化、系统化。政府治理、市场治理和社会治理都应有完善的制度安排，以及规范的公共秩序。二是民主化。现代化的治理体系是一种民主的治理体系，其公共权力的产生和运作必然是遵循民主规则的，公共治理和制度安排都必须保障主权在民或人民当家作主，所有公共政策要从根本上体现人民的意志和人民的主体地位，公民、社会、市场和政府之间的界限必然是明晰的。三是法治化。法治是治理体系和治理能力的重要依托。国家治理、政府治理、社会治理的现代化有赖于各个领域的法治化。以法治的可预期性、可操作性、可救济性等优势来凝聚转型时期的社会共识，使不同利益主体求同存异，依法追求和实现自身利益最大化。四是效率化。现代化的治理体系注重科学性、战略性、系统性和有效性，有利于提高行政效率和经济效益，从而行之有效地维护社会稳定和社会秩序。五是多元化。改革单一的政府一元管理模式，向政府、市场、社会和民众多元交互共治转变。政府、市场、社会组织、人民群众在不同领域发挥治理的主体作用，这种主体性的发挥不是绝对的、单向的，而是相对的、互动与合作的，以法治为保障，以共治为路径、最终实现善治。六是协调性。治理体系主要包含经济治理、政治治理、文化治理、社会治理、生态治理和党的建设六大体系，这六个体系不是孤立存在或各自为政的，而是有机统一、相互协调、整体联动的运行系统，各种制度安排作为一个统一的整体相互协调，密不可分。治理体系现代化过程，必须是全面、系统的改革和改进，是各领域改革、改进的联动和集成，形成总体效应，取得总体效果。

第三，多元主体参与治理是实现"善治"的结构性条件。县域治理改革和转型，关键是要发挥政府、市场、社会组织、人民群众在不同治理领域的主体作用。长期以来，政府是所有治理领域的支配力量，就是说，政府治理、市场治理与社会治理并没有或者说还没有形成界限明确、权利关系固定化的分属领域。县域治理现代化，涉及政府、社会、市场等领域的公共治理主体的形构，就是要形成多元主体共建共治共享的治理格局，这其中，就要明确政府应该怎样扮演好自身的角色功能，政府治理只是市场、社会等治理主体中的一方，要改变传统的全能型政府角色，关键是政府权威角色、性质，及其与被治理者关系的变化。政府提供公共产品，最主要的是安全与公正，并确保国家与公民之公共事务的制度化关系。其权威源于对公民权利的保障和公共秩序的法治关系维护。同时，地方治理要达至"善治"，需要来自其他系统如社会、经济和文化层面诸要素的支持，比如社会自治的发展正是基层公共治理结构的基础部分。

改革开放40多年来，中国地方政府在政府治理和社会治理方面做了大量可贵的探索，积累了许多宝贵的经验。沁源的实践是国家治理现代化的功能实现部分，其创新探索对中国县域治理现代化具有典型意义，在理论上和方法论上总结沁源治理改革经验，及时将其成熟的改革创新政策上升为法规制度，从制度上解决政府治理和社会治理改革创新的动力问题，是国家治理体系和治理能力现代化的应有之义。从根本上说，国家治理体制改革创新的动力源自地方经济发展、政治进步、人民需要。地方政府治理和社会治理的改革创新，必须用制度的形式加以固定和推广，并以有力的社会动员和广泛的公众参与推动中国县域治理现代化。

（二）沁源治理实践的政策意义

改革开放后，中国县域治理改革和转型进入政府治理、社会治理和市场治理的多元共治的主体型构议程当中。从中国县域治理的改革实践上看，法治政府建设、民主参与、社会组织发展、社会自治、权力监督等，这些方面都有探索和实践，目标是加强公共体制的权威地位，使公共组织（政府）具备更强大的执政资源与治理能力。尤其是21世纪以来，地方治理表现出以权力集中和结构集中来控制和平衡权力分散与结构多元的趋向。换言之，中国县域治理的改革和转型还需要适应市场经济多元、社会文化多元与价值多元的发展态势，来调整公共体制的经济社会功能和治理角色，实现多中心的社会治理现代化目标。

当前中国县域治理的改革和转型面临的问题是，一方面地方公共性社会关系性质的变化要求把社会治理建立在政府机制、社会机制和市场机制的协商共治架构上；另一方面，地方政府治理一直表现出将公共权力覆盖于所有社会领域中的倾向。之所以出现两种不同的治理改革取向，根源于传统的政府治理路径依赖、现实中基层社会结构多元和社会力量的分散及非组织化。但不能回避的现实问题是，与之前的社会治理结构不同，当前的基层社会治理面对的是一个结构多元、利益多元和价值多元的公共性社会关系，因此，核心的问题是，如何将大众利益充分组织化，通过联结个体民众与国家的社会组织，全体社会成员都置身于相互勾连的、制度化网络之中。这个问题的实质是，中国县域治理改革和转型成功与否，最后确定在社会利益协调机制和社会公正维护机制的建构上。

沁源治理经验之所以值得深入阐释，就是因为它在上述各个方面都做出了非常有益的实践探索。

第一，政府公共性建构。政府的公共职能和公共性质包括：提供基层社会治理的基本规则和监管秩序，确保不同的治理体制和机制的兼容性或一致性，担当政策社群间对话的主要组织者和召集人，整合社会系统和社会凝聚力。也就是说，政府的公共性问题，即政府决策、政府管理、政府服务的"公共性"建构问题，包括两个方面：一是公共参与的制度化，涉及政府政策信息的公开透明，以及公民个人、社会组织参与渠道制度化建设。二是公共财政建设。涉及承担运用法律保障经济自由与激励的任务,通过新的权利分配保护经济自由,为高效、合法的交易提供安全。也就是说,通过不断地制度创新和组织创新,维持制度环境的改善和经济的持续增长,不断探索提升政府效能和提供优质公共产品和公共服务的创新机制,这才是政府治理的本质含义。

第二,政府与市场的关系。一是政府专注于公共服务和秩序的维持,退出市场资源配置领域,政府的作用限定在市场规则的确认和维护市场秩序上。二是培育市场治理能力。关键是让行业协会和商会真正成为治理的主体,在政府—市场—个体之间发挥自我管理、自我服务的功能和作用。在这个结构关系中,市场力量的发展处于受制约状态,企业发挥能动性并负起社会责任,政府扮演市场秩序的维护者角色。如何构建企业之间的复合结构,结成并发挥(公司)市场治理模式的功能和作用,逐步形成(政府)科层治理模式和(公司)市场治理模式的互补和支持效应,事关政府治理法治化和市场治理规范化问题。

第三,政府与社会的关系。一方面,明确和限定国家和政府的有限职能,即建立一种有限政府的权力结构,并依此来不断调整国家与非国家组织和团体的关系;另一方面,社会自治组织是公共秩序不可替代的利益组织化形式,它受法律、法规以及社会规范体系的限制和约束，它阻止国家权威直接地、最大限度地施加于每个个体的社会成员之上。政府治理回归公共本质，与社会建构现代权利关系。所谓社会治理现代转型，就是让社会主体发挥社会治理的功能和作用，形成现代社会组织体系，建构（社会）社群治理模式。比如"三社联动"（社区、社会组织、社会工作者）、"社会组织孵化器"（为社会组织创造和提供支持性环境）的做法，就是培育这样的社会组织。也就是说，以如此面目出现的社会组织，是一种具有自主性和促进性的社会组织，这类社会组织对基于价值共享与利益共享的基层社会多元参与治理结构的形成，具有实质性的推动意义。

沁源治理改革创新实践给我们最大的政策启示意义是，中国县域治理现代化的改革与转型，就是要在党（委）政府主导下逐步建构（政府）科层治理模式、（公司）市场治理模式与（社会）社群治理模式三种比较稳定的治理模式。在一个各个治理主体规则明确、分权且结构分化的政治社会条件下，逐渐形成政府、市场、社会各司其职、相互支持的县域社会治理功能体系。换言之，中国县域治理现代化的改革与转型，需要对传统的治理规则和治理体制做出实质性变革，比如营造良好的地方政治生态，推动法治进步，改变政府全能治理观念，让社会力量得到充分的发展，使社会能够（有能力）自己管理自己，在基层社会形成一种现代公共领域和现代公共生活方式，真正实现把制度优势转化为治理效能的目标。

中国县域治理改革创新面临的迫切问题，是处理好政府与市场、政府与社会的关系问题，亦即中国县级政府所进行的实践或创新应该集中在政府与社会、政府与市场的权利关系的法治规范领域当中。因此，中国县域治理转型涉及两个方面的体制机制改革：一是政府职能的公共性建构并与社会确立法治关系；二是建构社会自治结构体系，实现社会公正和社会利益组织化。因此，中国县域治理转型的目标是要使政府与社会确立在民主、自治、共治的法治关系上，从传统治理的一种支配性和依附性关系转变为一种现代治理的民主共治的协商关系，这就是中国县域治理转型的现实社会政治含义。

附录1　新时代县域绿色转型的思考与体会——访中共沁源县委书记金所军[*]

《国家治理》周刊： 作为典型的资源型地区，近几年来，沁源在发展转型方面面临哪些突出瓶颈和困难？在这样的背景下，坚持绿色发展理念、推动绿色转型，对沁源有哪些现实意义？

金所军： 资源型经济转型发展是世界性难题，也是不少地区在发展过程中普遍存在的突出问题。作为典型的资源型地区，沁源在高质量转型发展道路上主要面临以下几个方面的瓶颈和困难。

一是保守思想根深蒂固。受地理位置和交通因素影响，沁源的干部、群众以及企业家逐渐形成因循守旧、偏安一隅的保守思想，观念的大门打不开，先进的知识进不来，眼界不够长远、信心不够坚定，煤炭形势好的时候"无心"转，形势不好的时候又"无

---

[*] 原文刊载于《国家治理》周刊2019年第26期。

力"转，特别是煤企周边的村民，逐渐养成了"靠山吃山、靠水吃水"的封闭式生活习惯。转型先要转思想，要想彻底转变僵化保守的思想观念非一日之功，必须把转变思想作为转型发展的重中之重，结合省委"改革创新、奋发有为"大讨论安排部署，围绕"六个破除""六个着力""六个坚持""走出去，请进来"，坚持不懈站在新时代的战略高度上谋发展、绘蓝图。

二是产业结构过于单一。长久以来，煤炭产业在沁源的经济发展中一直占据着主导地位，煤炭企业习惯了以资源开采、粗放型经济为主的业态模式，尚未形成布局合理、技术先进的煤化工产业链条，导致"一煤独大"的县域经济饱受煤炭行情波动的影响。在高质量转型发展过程中，部分企业推进传统产业资源整合和技术改造的力度不够强、措施不够硬、后劲不够足，缺乏现代化管理理念，缺乏现代化高水平研发人才队伍，战略性新兴产业基础薄弱，新的经济增长点尚未形成规模，转型发展的质量和效益有待进一步提高。

三是交通瓶颈仍然突出。经济发展，交通先行。沁源山大沟深，地形地质复杂，公路建设的费用高、缺口大，虽然经过多年努力，境内的大动脉、大网络基本实现畅通，但还远远谈不上"四通八达""内联外接"。向内，路梗阻、末梢路、循环路的问题尚未完全解决；向外，"铁公机"更是成为老百姓长久以来的"心头病"，直接导致县外的资金、理念进不来，县内的产品、名头出不去，信息不对等、沟通不便利，严重制约了物流业、旅游业的发展，难以将沁源地处屯留、沁县、武乡、平遥、介休、灵石、霍州、古县、安泽九县中心的区位优势和"绿水逶迤去，青山相向开"的生态优势充分转化为经济优势。

坚持绿色发展理念、推动绿色转型，对沁源的现实意义主要有以下几个方面：首先是以一个县的县域发展印证"绿水青山就是金山银山"理念的真理性，确保中央、省、市决策部署在沁源大地落地生根、开花结果。其次是全面释放"生态红利"，为百姓谋来更多民生福祉，带来更多实实在在的获得感、幸福感。最后是对于构建现代化经济体系具有重大而深远的意义，必将扎实推动新时代绿色沁源走好更高质量、更高效益的可持续发展之路。

《国家治理》周刊：2018年初，沁源县委确立"绿色立县，建设美丽沁源"的发展战略，并出台有关"决定"。围绕这一发展战略，沁源县委县政府进行了哪些谋划和部署？

金所军：2018年初，县委审时度势、着眼长远，以建设"绿色沁源、康养沁源、文化沁源、幸福沁源、美丽沁源"为目标，提出了"绿色立县，建设美丽沁源"发展战略，并围绕这一发展战略，确定了"转型、增绿、开放、强基、富民"五大发展思路，以及"修路、种树、治水、兴文、尚旅"五条发展路径。

五大发展思路中，转型，就是按照中央、省委、市委要求，大力推进能源革命，彻底摘掉"煤老大"的帽子；增绿，就是按照"山上造林、山下绿化、逐年递增"的思路，启动大规模绿化、大范围绿化、大面积绿化行动，进一步扩大生态优势，不断做足、做实、做大"增绿"文章；开放，就是全面强化谋开放的意识，全面提升抓开放的能力，全面拿出促开放的行动，构建更大范围、更宽领域、更高层次的对外开放新格局；强基，就是下大力气强基固本，狠抓交通、水利、电力、通信等基础设施建设，推进教育、医疗、就业、文化、社会保障等基本公共服务能力建设，加强基层组织、基础工作、基本能力"三基建设"，扎扎实实打好推动经济社会发展的根基；富民，就是进一步巩固脱贫成果，加快实施乡村振兴战略，进一步加快产业兴旺、精神文化、社会建设等全方位发展步伐，推动民生福祉全面升级，真正实现16万人民的整体富裕。

五条发展路径中，修路，就是实施国省道新框架工程，实施旅游新干线工程，实施循环新网络工程，实施"四好"农村路工程，突破绿色发展瓶颈；种树，就是实现全域种树，实现四季见绿，实现处处见景，实现满目生机，增添绿色发展底色；治水，就是防洪水、保供水、抓节水、护源水、用活水、强管水，激活绿色发展灵气；兴文，就是不断弘扬、传承、挖掘、巩固我县的特色文化，弘扬先进文化，传承红色文化，挖掘历史文化，保护民俗文化，丰富群众文化，发展文化产业，提升绿色发展品位；尚旅，就是大力实施康养产业项目，着力构建全域旅游格局，加强旅游要素提升，推进旅游机制创新，加快旅游产品开发，做活绿色发展文章。

《国家治理》周刊：在县域绿色转型、乡村振兴、精准扶贫等工作中，沁源围绕激发干部群众干事创业动力，进行了哪些有益探索和实践？

金所军：一是强化思想建设。将习近平总书记关于转型发展、乡村振兴、扶贫工作的重要论述汇编成册，作为各级干部的案头书，作为农民讲习所（乡村小夜校）的重要学习资料，时时学、处处学；以县委理论学习中心组（扩大）学习会议形式，先后及时组织各级各类干部学习省、市关于转型发展、脱贫攻坚、乡村振兴等重大会议精神和政策要求；大力弘扬社会主义核心价值观，开展"向上向善好青年""感动沁源十大人物"评选表彰活动；在农村建立"一约四会""一墙三榜一栏"，深入开展"六风塑好人""七在农家"活动，全县共有36名同志入选第六届长治市道德模范及"长治好人"榜，引导广大群众见贤思齐、崇德向善，激发群众内生动力。

二是强化学习培训。大规模开展干部专业化培训，邀请中国乡建院院长李昌平等知名专家、教授，针对乡村振兴、垃圾分类等重点工作进行专题授课；赴浙江大学举办沁源县"巩固脱贫攻坚成效、建设绿色美丽沁源"科级干部能力提升班；加强与中共中央党校（国家行政学院）合作，开展两期"两高下基层"干部培训；共计开展各级各类培训109个班1.2万人次，组织外出培训考察6500余人次，极大地提升了全县党员领导干部的理论水平和工作能力，进一步开阔了视野、理清了思路、激发了干劲，为巩固脱贫成效、实施乡村振兴、高质量转型发展提供了坚强的组织保障。

三是强化导向引领。2019年初，在县委经济工作会议暨劳模表彰大会上，对优秀驻村工作队长、第一书记每人奖励5000元，对十佳驻村工作队长、第一书记每人奖励6000元；在全县庆祝中国共产党成立97周年暨"七一"表彰大会上，对在推进党的建设、经济社会建设、脱贫攻坚工作中，涌现出的80个基层党组织先进集体，200名优秀党务工作者、优秀党支部书记、优秀共产党员及驻村工作队长和第一书记进行了表彰，对20个乡村振兴示范村每村发放200万元财政预算资金；针对各乡镇脱贫成效巩固、乡村振兴、产业转型等重点工作开展两次半年大观摩、大检查、大评比活动，对工作力度大、措施实、效果好的乡镇和农村进行奖励，共拨付奖金和补助8600万元；公开招聘高层次人才51名，储备农村后备干部481名；始终坚持把政治过硬、勇于担当、真抓实干，并在转型发展、脱贫攻坚、乡村振兴主战场上取得突出成绩的干部选出来、用起来，树起干事创业的风向标。

《国家治理》周刊："绿色立县，建设美丽沁源"实践，给全县经济社会带来的深层次变化有哪些？

金所军：通过对"绿色立县，建设美丽沁源"的生动实践，全县经济社会各项事业迈出坚实步伐，呈现出"稳、增、新、变、强"五个显著特征：一是综合施策，保持了"稳"。在国内外经济环境错综复杂、环保约束不断强化的大背景下，坚持稳中求进的工作总基调，坚定不移转变发展方式，经济社会保持了稳中向好、稳中有进、稳中有升、稳中有为的良好态势。二是产业转型，实现了"增"。在加快推动产业转型升级过程中，坚持高质量发展，深入实施创新驱动，大力开展招商引资，推动了第一、第二、第三产业融合发展、同步递增，实现了产量增长、结构增优、项目增多、效益增强。三是动能转换，展现了"新"。在推动新旧动能加快转换的过程中，坚持新发展理念，充分调动人民群众参与绿色发展的积极性、主动性和创造性，统筹推进绿色、康养、文化、幸福、美丽沁源建设，全县各行各业、各个领域活力迸发。四是改革创新，发生了"变"。在改革发展推进过程中，全面强化谋开放的意识，提升抓开放的能力，拿出促开放的行动，大力推进深化改革、乡村振兴、社会事业，使人民群众的获得感、幸福感、安全感得到进一步提升。五是夯实基础，做到了"强"。在强基固本上，突出重点、攻克难点，狠抓"三基"建设、城乡基础建设、绿色品牌建设，不断筑牢筑强绿色发展根基。

《国家治理》周刊：结合沁源实践，在您看来，使"两山"理念在县域地区全面落实落地，应抓住哪些关键环节、关键方面？

金所军："两山"理念是指导中国生态文明建设的重要理论，为县域高质量发展提供了指导思想。为了让"两山"理念在县域地区全面落实落地、开花结果，我认为应该重点抓住以下几个方面。

第一，保护是前提，筑牢发展生态底色。要自觉把生态理念贯穿于经济社会发展各方面，坚持尊重自然、顺应自然，保护底色、创新特色，在保护的前提下谋划发展。沁源生态资源丰富，森林覆盖率位居全省第一，是全国天然林保护重点县；境内流淌着沁河、汾河两大水系，年均径流量2.6亿立方米，是山西相对富水区，生态环境应该说是沁源的根和魂，是最大优势、立县之本。近年来，沁源不断夯实生态资源基础，全域种树，增添绿色发展底色；"六水共治"，激活绿色发展灵气，连续七年获评"中国最具投资潜力中小城市百强县"，连续五年获评"中国深呼吸小城100佳"，荣获"全国森林旅游示范县"国字号名片，绿色发展的"含金量""含新量""含绿量"不断提升。

第二，转化是关键，拓宽"两山"转化通道。要牢牢把握住"产业"这个"两山"转化的核心支撑，依托山、水、林、田、湖等生态资源，盘活农村闲置民房、集体用房以及空置厂房等沉睡资产，着力打造文化旅游、森林康养、休闲度假、农业体验等新业态，不断拓宽"绿水青山"向"金山银山"的转化通道。近年来，沁源县委县政府立足资源优势，先试先行，以实施乡村振兴战略为牵引，聚焦文化旅游产业，坚决扛起打开"两山"转化通道的使命担当。在县委十三届五次全会上，审议通过了《中共沁源县委关于加快把文化旅游产业培育成战略性支柱产业的决定》，依托丰富的生态资源、文化资源、中草药资源、山地资源，培育打造一批生态旅游产业集群、文化产业集群、中医药健康产业集群、运动健康产业集群。同时，将文化、康养、教育、体育融合发展，以森林生态体验、生物多样性展示、森林康养度假、观光旅游休闲、森林科普宣传为途径，全力把沁源打造成康养目的地、自驾目的地、采风目的地、研学目的地、会议目的地以及运动员训练基地，全面叫响"夏住沁之源"品牌。2018年全年接待游客突破405万人次，实现旅游收入36.4亿元，增长30.4%，让人民群众获得实实在在的"生态红利"，让绿水青山变成群众增收致富的"聚宝盆"和乡村振兴的"大引擎"。

第三，人和是根本，共建共享美好生活。要不断增强践行"两山"理念的思想自觉，以思想自觉引领行动自觉，集聚全县之力，广借各方之力，在共建共享美好生活中最大限度地提升全县群众的获得感和幸福感。2018年，沁源与清华大学建筑研究院签订战略合作协议，启动实施沁源"1+14"国家级乡村振兴示范区建设；加速推进100个村的污水处理项目，全面铺开乡村"绿色驿站"旱厕无害化改造工程，农村人居环境不断改善；围绕庆祝改革开放40周年，各乡镇开展规模性群众文化展演、文化交流活动50余场，呈现出"乡乡有节庆、月月有活动"的喜人态势；组织外出招商考察50余次，召开有影响的招商推介活动20余次，招商引资签约50个项目200亿元，引进、落地一批利民惠民的大项目、好项目；围绕"改革创新、奋发有为"大讨论，深入开展"迎老乡、回故乡、建家乡"系列活动，吸引更多的沁源籍在外人士回乡创业、兴业，为绿色发展注入源源不断的动力，让绿色发展结出的硕果惠及更多的人民群众。

作为山西乃至北方的生态环境第一县，新时代的沁源必将紧紧抓住大有可为的历史机遇期，凝聚共识，真抓实干，全力推进绿色发展、高质量发展，谱写出"两山"转化的沁源篇章，争当"两山"理论践行的排头兵、标杆县。

附录2　城乡社会发展与稳定问卷调查

尊敬的先生/女士：

您好！为了解我国地方政府治理现代化发展的基本现状，中国社会科学院政治学研究所创新项目组邀请您参与我们的调查。请您以自填的方式回答下列问题，并将您认同的答案序号填入预留的括号中。本次调研结果仅用于科学研究，绝不会以个案形式对外公布，对于您的回答我们将严格保密。感谢您的大力支持！

第一部分

◆ 性别 [　　]
①男　　　　　②女
◆ 民族 [　　]
①汉族　　　　②少数民族

◆ 年龄 [　　] (周岁)

◆ 教育水平 [　　]

①初中及以下　　②高中(含高职、高专)

③大专及本科　　④研究生

◆ 政治面貌 [　　]

①中共党员　　②共青团员

③群众或其他

◆ 您目前的家庭居住所在地在 [　　]

①农村　　　　②乡镇

③县城　　　　④城市

◆ 您个人的月均收入 [　　]

①1500 元以下　　②1501—3000 元

③3001—5000 元　　④5000 元以上

◆ 您家里的年收入能达到 [　　]

①1.5 万元以下　　②1.5 万—5 万元

③5 万—8 万元　　④8 万—10 万元

⑤10 万元以上

◆ 您家庭目前收入的来源主要是 [　　]

①农业生产收入　　②工资收入

③家庭经营收入　　④在外务工收入

⑤其他类型收入

◆ 您目前的职业是 [　　]

①务农　　　　　　②务农兼打零工

③在外打工　　　　　　④个体工商户

⑤企事业单位工作人员　　⑥其他

第二部分

1. 您所在村居公共事务的公开情况是［　　　］（单选）

①财务公开　　　　　　②议事公开

③社会救助事宜公开　　④工程项目公开

2. 当您遇到矛盾纠纷时，最先想到的解决途径是［　　　］（单选）

①人民调解　　　　　　②找政府部门

③找有关社会组织　　　④法律途径

⑤上访

3. 结合您所在村居的实际情况，请您对以下发展党员影响因素的重要程度做出判断，在相应选项后的数字上画"√"（请不要错填或漏填）。

	非常不重要	不重要	一般	重要	非常重要
被发展对象的个人能力	1	2	3	4	5
被发展对象的家族背景	1	2	3	4	5

续表

	非常不重要	不重要	一般	重要	非常重要
被发展对象对本村（社区）做出的贡献大小	1	2	3	4	5
被发展对象的年龄	1	2	3	4	5
被发展对象的学历水平	1	2	3	4	5
被发展对象的经济实力	1	2	3	4	5
被发展对象的家庭成员的政治背景	1	2	3	4	5

4. 您认为通过下列什么手段能更好地维护社会稳定？[　　][　　][　　]（限选3项）

①政府政策　　　　　　②道德规范

③公序良俗　　　　　　④法律法规

⑤社会主义核心价值观教育　⑥人民调解

5. 您担任志愿者主要参与哪些方面的活动？[　　]（单选）

①文体娱乐　　　　　　②社会救援

③社会帮扶　　　　　　④环境卫生

⑤没有参与过

6. 在脱贫攻坚方面，以下哪些主体发挥作用最大[　　]（单选）

①政府　　　　　　　　②村（居）委会

③企业（公司）　　　　④个人致富能力

7. 请您阅读以下题目，并根据自己的真实情况与想法，在相应选项后的数字上画"√"（请不要错填或漏填)。

	完全不符合	比较不符合	有点不符合	有点符合	比较符合	完全符合
居住在这个村（社区），生活很便利	1	2	3	4	5	6
我很认可这个村（社区）的管理水平	1	2	3	4	5	6
与其他地方相比，这里的村（社区）环境条件令人满意	1	2	3	4	5	6
居住在这个村（社区）符合我们家庭的需求	1	2	3	4	5	6
我居住的村（社区）对我有特殊的情感意义	1	2	3	4	5	6
村（社区）让我有家一样的感觉	1	2	3	4	5	6
我很在意别人对自己村（社区）的看法	1	2	3	4	5	6

8. 基层党组织建设存在哪些问题？[　　]（单选）

①党员年龄结构老化

②新党员发展指标太少

③年轻党员服务本地少

④党建活动形式化

⑤党组织胜任力不强

9. 您认为，您所居住的村（社区）哪类公共服务最重要？[　　]（单选）

①公共安全　　　　　②基础设施

③公共文化生活　　　④养老

⑤义务教育　　　　　⑥医疗

10. 您认为，村（社区）党支部书记当选最重要的因素是［　　］（单选）

①经济实力　　　　　②家族支持

③上级认可　　　　　④政治可靠

⑤人品能力

11. 请您阅读以下题目，并根据您生活的村（社区）所在地的真实情况，在相应选项后的数字上画"√"（请不要错填或漏填）。

	非常不同意	不同意	有点不同意	一般	有点同意	同意	非常同意
干部和群众关系紧张	1	2	3	4	5	6	7
贫富差距越来越大	1	2	3	4	5	6	7
违法犯罪越来越多	1	2	3	4	5	6	7
经济纠纷越来越多	1	2	3	4	5	6	7
村民（社区居民）越来越自私了	1	2	3	4	5	6	7
村里（社区）年轻人越来越少	1	2	3	4	5	6	7
赡养老人的越来越少	1	2	3	4	5	6	7
村里（社区）生存环境越来越差	1	2	3	4	5	6	7
社会治安越来越差	1	2	3	4	5	6	7
社会风气越来越差	1	2	3	4	5	6	7
村里（社区）公共文化生活越来越少	1	2	3	4	5	6	7
在村里（社区）住的人越来越少	1	2	3	4	5	6	7

12. 如果对村委会（居委会）某项决定不满意，您如何行使监督权 [　　] （单选）

①找村居监督委员会反映

②找乡镇政府或上级政府反映

③找驻村干部反映

④不清楚

13. 请您阅读以下题目，并根据自己的真实情况与想法，在相应选项后的数字上画"√"（请不要错填或漏填）。

	完全不可信	相当不可信	有点不可信	有点可信	相当可信	完全可信
您认为，目前党中央、国务院	1	2	3	4	5	6
您认为，现在的地方政府	1	2	3	4	5	6

14. 您经常遇到的引起矛盾纠纷的事情主要是 [　　] （单选）

①邻里、亲友纠纷　　　②社会救助类的纠纷

③两委选举　　　　　　④土地纠纷

15. 对于以下表述，请根据自己的认识或感受在对应的数字上画"√"。其中，数字从1到5依次表示"很不同意"到"很同意"。

	很不同意	不太同意	一般	比较同意	很同意
当人们发生纠纷时，应该请那些有威望的长辈来调处	1	2	3	4	5
年轻人应当尊重传统习俗	1	2	3	4	5
避免错误的最好方法就是遵从有威望长辈的经验和建议	1	2	3	4	5
在家庭关系中，女性应当服从父亲或丈夫	1	2	3	4	5
领导就像一家之主，老百姓应当服从他的权威	1	2	3	4	5

16. 您认为，村（居）委员会选举公正吗？
[　　　]（单选）

①非常不公正　　②有点不公正

③一般　　　　　④比较公正

⑤非常公正

17. 请您阅读以下题目，并根据自己的真实情况与想法，在相应选项后的数字上画"√"（请不要错填或漏填）。

	非常不同意	比较不同意	有点不同意	有点同意	比较同意	非常同意
党和政府树立的模范党员、干部具有非常高的威信	1	2	3	4	5	6
党和政府有为老百姓主持公道的愿望	1	2	3	4	5	6
党和政府的政策确实是真心实意关心老百姓的	1	2	3	4	5	6

续表

	非常不同意	比较不同意	有点不同意	有点同意	比较同意	非常同意
党和政府在老百姓的心里威信很高	1	2	3	4	5	6
党和政府有能力为老百姓主持公道	1	2	3	4	5	6

18. 在维持良好社会秩序方面，您认为哪些主体应该发挥主要作用？[　　][　　]（限选2项）

①企业（公司）　　　②政府部门

③社会组织　　　　　④公民个人

⑤村（居）委会

19. 对于以下表述，请根据自己的认识或感受在对应的数字上画"√"。其中，数字从1到7依次表示"非常不同意"到"非常同意"。

	非常不同意	不同意	有点不同意	一般	有点同意	同意	非常同意
当地政府的决策，离不开老百姓的参与	1	2	3	4	5	6	7
地方政府为公民的政治参与提供了多种有效的途径	1	2	3	4	5	6	7
有关政策讨论我会积极参加	1	2	3	4	5	6	7
我是基层群众自治的积极参与者	1	2	3	4	5	6	7

20. 您参加过人大代表社区联络站举行的人大代

表接访走访活动吗？[　　]（单选）
　　①经常参加
　　②很少参加
　　③一次都没有
　　④不清楚本社区是否有人大代表联络站

中国社会科学院政治学研究所
地方政府治理现代化创新项目组
2019 年 9 月

参考文献

《中共中央关于全面深化改革若干重大问题的决定》，人民出版社2013年版。

费孝通：《乡土中国》，江苏文艺出版社2007年版。

李汉林：《中国单位社会：议论、思考与研究》，中国社会科学出版社2014年版。

李培林：《社会改革与社会治理》，社会科学文献出版社2014年版。

荣敬本、崔之元等：《从压力型体制向民主合作体制的转变——县乡两级政治体制改革》，中央编译出版社1998年版。

俞可平：《公民社会的兴起和治理变迁》，社会科学文献出版社2002年版。

俞可平：《论国家治理体系现代化》，社会科学文献出版社2014年版。

张静：《基层政权：乡村制度诸问题》（2018年修订

版），社会科学文献出版社2019年版。

赵树凯：《农民的政治》，商务印书馆2012年版。

赵树凯：《乡镇治理与政府制度化》，商务印书馆2010年版。

周庆智：《官治与民治：中国基层社会秩序的重构》，社会科学文献出版社2019年版。

周庆智：《县政治理：权威、资源、秩序》，中国社会科学出版社2014年版。

周庆智：《在政府与社会之间：基层治理诸问题研究》，中国社会科学出版社2015年版。

周庆智：《中国基层社会自治》，中国社会科学出版社2017年版。

周庆智：《中国县级行政结构及其运行——对W县的社会学考察》，贵州人民出版社2004年版。

［德］马克斯·韦伯：《经济与社会》（下卷），林荣远译，商务印书馆1998年版。

［美］詹姆斯·S.科尔曼：《社会理论的基础》（上），邓方译，社会科学文献出版社1990年版。

［美］乔尔·S.米格代尔：《强社会与弱国家——第三世界的国家社会关系即国家能力》，张长东等译，江苏人民出版社2012年版。

［美］珍妮特·V.登哈特、罗伯特·B.登哈特：《新公共服务：服务，而不是掌舵》，丁煌译，中国人民

大学出版社 2004 年版。

Carl J. Fredrich, ed., *Totalitarianism*, University Library Edition, 1964.

Jean Oi, *Rural China Takes Off: Institutional Foundations of Economic Reform*, Berkeley & LA: University of California Press, 1999.

Roger V. Gould, "Patron Client Ties, State Centralization, and the Whiskey Rebellion", *American Journal of Sociology* 102, September 1996.

V. Shue, *The Reach of the State: Sketches of the Chinese Body Politics*, Stanford: Stanford University Press, 1988.

后　记

本报告由中国社会科学院政治学研究所"地方政府治理现代化研究"创新工程项目组与中共沁源县委、县政府合作完成,是地方治理实践研究的一个政学合作范例。项目组首席专家周庆智教授策划并提供写作提纲,最后由周庆智教授统筹、定稿和审订。承担本报告各部分撰写工作的项目组成员如下:

前言、第一部分、第六部分:周庆智(中国社会科学院政治学研究所首席研究员)

第二部分:孙彩红(中国社会科学院政治学研究所执行研究员)

第三部分:王阳亮(中国社会科学院政治学研究所助理研究员)

第四部分:孙彩红(中国社会科学院政治学研究所执行研究员),王阳亮(中国社会科学院政治学研究所助理研究员)

第五部分：郑建君（中国社会科学院政治学研究所执行研究员）

本报告是在中共沁源县委、县政府及相关职能部门，以及各乡镇党委政府、乡镇干部、村（居）委会、村干部和村民等大力支持和配合下完成的，参与人员众多，恐有疏漏，在此不一一列出名字，重要的是他们都为本报告的完成做出了贡献。

本书项目组
2020 年 6 月 26 日

周庆智，中国社会科学院政治学研究所研究员，博士生导师。研究领域为政治社会学、社会人类学、历史学。主持完成中国社会科学院重大及重点项目、国家社科基金重点项目、教育部哲学社会科学研究重大课题攻关项目等多项课题。出版学术专著《中国县级行政结构及其运行——对W县的社会学考察》《中国基层社会自治》《县政治理：权威、资源、秩序》《官治与民治——中国基层社会秩序的重构》《在政府与社会之间：基层治理诸问题研究》《乡村治理：制度建设与社会变迁》等10余部。《中国政治参与蓝皮书》（2013—2018）系列6部执行主编，编著《公共治理与公共服务》1部。发表学术论文150余篇，其中50余篇论文被《新华文摘》、《中国社会科学文摘》、中国人民大学复印报刊资料、《社会科学文摘》等转载。